上海师范大学智库培育项目(2021)

中国城市休闲化发展研究报告(2021)

THE ANNVAL REPORT ON CHINA'S UBBAN RECREATIONALIZATION DEVELOPMENT（2021）

楼嘉军　李丽梅　马红涛　赵玲玲等　著

上海交通大学出版社
SHANGHAI JIAO TONG UNIVERSITY PRESS

内容提要

本书是华东师范大学"中国城市休闲化指数"课题组连续第 11 年完成的有关我国城市休闲化发展水平分析的研究报告。本书由以下三部分组成。第一部分是总报告,包括绪论、指标体系与评价方法、城市休闲化评价结果;第二部分是城市休闲化指标分析,主要是 36 个城市的休闲化指标分析;第三部分是专题研究,由《中国旅游演艺产品类型及特点研究》《江苏城镇居民休闲消费质量测度及提升机制研究》《上海旅游节市场感知度调查研究》三篇专题研究做了微观的论述。对于我国的休闲化城市建设中的文旅融合以及全域旅游建设活动等提供了一定的理论指导与实践借鉴。

本书可以用作高等院校旅游、休闲、会展、文化以及社会学等专业师生的参考教材,也适合作为旅游管理、文化产业管理和城市公共服务管理部门的参考用书。

图书在版编目(CIP)数据

中国城市休闲化发展研究报告. 2021 / 楼嘉军等著
. —上海: 上海交通大学出版社,2022.9
ISBN 978 - 7 - 313 - 27460 - 1

Ⅰ. ①中… Ⅱ. ①楼… Ⅲ. ①城市-闲暇社会学-研究报告-中国-2021 Ⅳ. ①C912.81

中国版本图书馆 CIP 数据核字(2022)第 171021 号

中国城市休闲化发展研究报告(2021)
ZHONGGUO CHENGSHI XIUXIANHUA FAZHAN YANJIU BAOGAO (2021)

著　者:楼嘉军　李丽梅　马红涛　赵玲玲等
出版发行:上海交通大学出版社　　　　　　　地　　址:上海市番禺路 951 号
邮政编码:200030　　　　　　　　　　　　　电　　话:021 - 64071208
印　制:苏州市古得堡数码印刷有限公司　　　经　　销:全国新华书店
开　本:710 mm×1000 mm　1/16　　　　　印　　张:16.5
字　数:200 千字
版　次:2022 年 9 月第 1 版　　　　　　　　印　　次:2022 年 9 月第 1 次印刷
书　号:ISBN 978 - 7 - 313 - 27460 - 1
定　价:68.00 元

丛 书 编 委 会

学术顾问

吴必虎（北京大学）

张　捷（南京大学）

王琪延（中国人民大学）

冯学钢（华东师范大学）

林焕杰（中国主题公园研究院）

主编

楼嘉军

编委

郭英之（复旦大学）

吴承照（同济大学）

刘慧梅（浙江大学）

梁增贤（中山大学）

杨　勇（华东师范大学）

李　萌（中国社会科学院上海市人民政府上海研究院）

朱立新（上海师范大学）

序

  一般认为,有关休闲理论的阐述或研究在古希腊时代就已经出现,至今已逾数千年。然而,作为一门相对独立的学科,休闲学科的发展历史并不很长,至今也就百余年的时间。由于休闲现象的复杂性,致使百余年来研究休闲的理论和方法总是处于不断的探索与完善之中,但从其演变的基本轨迹可以看出,休闲学科的发展勾勒了如下的发展和演变轨迹:由依附到独立,由单一学科到多学科,乃至由多学科到跨学科的发展过程。

  休闲学科作为一个以跨学科为基础和特色的学科体系,一方面,在它发展的过程中,不间断地对相关的学科进行整合,并聚集于休闲学科的周围;另一方面,在休闲学科的发展过程中,在休闲学科与其他相关学科之间形成了围绕休闲学科的多个分支学科,诸如休闲社会学、休闲心理学、休闲经济学、休闲体育学、休闲教育学和游憩地理学等。从我国发展实际看,进入21世纪以来,由于休闲活动的常态性和广泛性,导致以休闲为研究对象的休闲学科除了以其他学科为依托之外,还与社会经济领域的相关产业,如与交通、商业、餐饮、娱乐、旅游、会展和节庆等行业也都发生紧密联系,进而成为推动休闲学科发展的外部产业支撑因素。此外,还需指出的是,随着5G技术的广泛应用,以及网络虚拟休闲空间的不断拓展和虚拟活动形式的不断丰富,近年来有关网络休闲行为、休闲方式和休闲影响的研究也正在逐步兴起。现实休闲与虚拟休闲的长期并存,将成为一种常态,且必将成为休闲学科需要直面的一个新的时代挑战与研究课题。

根据国际经验,一个国家或地区在人均GDP处于3 000~5 000美元发展水平之间,就将步入这样一个时期,即在居民生活方式、城市功能、产业结构和生态环境等方面相继形成休闲化特点的一个发展时期,或谓之休闲时代。正是基于这样的大背景,自2008年我国步入人均GDP 3 000美元发展阶段以来,社会经济持续健康发展,人们生活水平不断提高,极大地促进了居民休闲活动的蓬勃发展,有力地推动了休闲服务产业的兴旺发达,直接驱动了休闲学科理论研究的不断深入。与此相适应,国内不少研究机构、高等院校和出版社适时推出了多种形式的休闲研究丛书。这些丛书的出版已经产生广泛的学术影响,并将在推动我国休闲学科研究理论深化和休闲实践发展方面持续发挥比较重要的作用。

"他山之石,可以攻玉。"于是,在上海交通大学出版社的协助下,由华东师范大学和上海师范大学相关老师联合组成的研究团队结合自身特点,经过与出版社的沟通,拟定了"休闲研究系列"的出版计划。整个"休闲研究系列"包括休闲学教材系列、休闲研究著作系列与休闲研究报告(年度)系列等三部分内容。根据研究计划与出版计划,研究系列的相关内容自2012年起陆续编辑出版。至今,整个休闲研究系列已经出版著作30余部。

从2019年起,我国已跨入人均GDP 10 000美元的新阶段,标志着我国休闲社会的发展将由前期的速度型向质量型转变。与此同时,我们已经全面进入后小康时代的发展时期,居民对美好生活需要的追求已经成为大众休闲的核心内容。尤其是由国家发展改革委、文化和旅游部联合印发《国民旅游休闲发展纲要(2022—2030年)》,将进一步优化我国城市休闲化发展环境,完善城市休闲化服务体系,促进休闲及休闲相关产业的发展与融合,从而推动城市休闲化质量的内涵式提升。

对我们而言,休闲学科的发展面临着新的发展机遇与新的现实挑战,需要不断推动休闲学科的完善与发展。希望"休闲研究系列"的出版能够为我国休闲时代建设与休闲学科体系的完善尽微薄之力。

楼嘉军

前　言

　　《中国城市休闲化发展研究报告(2021)》立足于我国社会经济发展与城市建设的现状,从经济与产业发展、休闲服务与接待、休闲生活与消费、休闲空间与环境、交通设施与安全等五个方面的 43 个指标,对列入监测的 27 个省会城市、4 个直辖市和 5 个计划单列市,共计 36 个城市休闲发展的现状进行测度与分析。纳入监测的 36 座城市,合计人口为 36 912.76 万人,约占全国总人口的 26.37%;合计面积为 528 741 平方公里,约占全国总面积的 5.51%;合计国内生产总值为 396 320.63 亿元,约占国内生产总值(GDP)的 39.01%。显然,36 座城市休闲化指数对于全国范围内城市休闲化的发展具有重要的引领作用与示范效应,希望借此为我国十四五期间文化特色鲜明的国家级旅游休闲城市和旅游休闲街区建设,以及未来的城市高质量发展提供借鉴与思考。本报告得出以下几个结论。

　　从综合发展水平看,评价结果如下。北京、上海、广州、深圳和重庆排名前 5 位,表明其城市休闲化程度位居全国前列。这一排名也与上述省市在全国的社会经济发展排名相符合,体现了经济与休闲互动发展的和谐特征。成都、杭州、南京、武汉和宁波进入城市休闲化指数评价排名第六至第十名,表明这些城市休闲化发展的和谐性、均衡性也比较显著,所以能够成为我国城市休闲化发展的领先城市。需要指出的是,宁波是11年来首次进入前十的排名,是除深圳以外,第二个跨入前十排名的计划单列市。而海口、呼和浩特、拉萨、银川和西宁位列综合排名的后5位,反映了这5个城市在城市休闲化发展的整体性方面还存在诸多不足与明显差距。

从五个维度的分类指标看,评价结果如下。

第一,经济与产业发展分类指标,主要反映城市休闲化发展的综合能力,是城市休闲化发展的先决条件。上海、北京、深圳、广州和成都排名前5位,表明上述城市经济发展实力雄厚,为城市休闲化发展奠定了扎实的基础。而呼和浩特、海口、西宁、银川、拉萨则位列全国后5位,表明经济发展水平的相对薄弱制约了上述城市休闲化发展的水平。

第二,休闲服务与接待分类指标,主要反映城市的休闲文化、娱乐、旅游等休闲服务设施与接待规模,这是城市休闲吸引力的重要表现。北京、上海、重庆、深圳和广州进入前5位,表明5个城市休闲娱乐和文旅融合发展结构相对成熟,休闲产业发展的整体性优势比较明显。而拉萨、海口、兰州、西宁和银川位居后5位,虽然以上城市在某些具体的文化、旅游方面有优势,但是在整体性发展方面还存在诸多薄弱环节,影响了休闲服务与接待类别指数的排名。

第三,休闲生活与消费分类指标,主要包括城市居民的消费结构、家庭休闲设备等,这是反映城市休闲化质量的关键指标。上海、杭州、北京、长沙和广州排名前5位,反映了上述城市休闲娱乐和文旅市场繁荣,居民用于与休闲相关的综合性消费能力比较强,游客消费支出比较旺。而西宁、拉萨、石家庄、南宁和重庆排名最后 5 位，表明休闲娱乐、文化旅游综合消费能力不足，是城市休闲化发展过程中的一个突出瓶颈因素。

第四，休闲空间与环境，主要包括空气质量、城市绿化覆盖率等指标，代表了一个城市自然环境建设和发展的水平，是衡量居民和游客从事户外游憩活动载体环境质量的重要指数。广州、上海、深圳、南京和重庆名列前 5 位。而哈尔滨、石家庄、太原、西宁和兰州则处于排名的最后 5 位，一定程度上表明以上 5 个城市户外游憩环境总体质量不尽如人意，成为城市休闲化发展的短板。

第五，交通设施与安全，主要反映城市内外交通的便捷程度和安全性。北京、成都、广州、上海和贵阳排名前 5 位，这些城市的交通条件相对完善，交通枢纽功能较为强大，使得城市居民的日常休闲活动与游客在当地的旅游活动能够互动协调发展。而长春、南宁、西宁、呼和浩特和银川位居最后 5 位，说明这些城市的交通设施与安全评价指数相对较弱。

中国城市休闲化发展呈现如下特征。

第一，总体来看，中国城市休闲化发展水平整体在提升，国家在休闲、文化、旅游等领域的产业政策实施效果明显。首先，以北京、上海、广州、深圳为代表的城市已经进入城市休闲化发展的加速阶段，这一点在疫情防控形势背景下体现得尤为明显，"本地人游本地"成为一种新的特征与趋势，这也表明这些城市的休闲设施、环境、服务等要素体系相对完善，能够满足人们的日常休闲娱乐需求。其次，相对落后地区的城市休闲化水平进步明显，处于低等级水平的城市数量在减少，这是一个积极的信号，即在人民城市建设理念的倡导下，城市的发展越来越注重人的美好生活需求，越来越关注城市软实力的提升。最后，城市间发展差距显著缩小。11 年前，排名第一的城市与排名末位的城市休闲化指数相差 7.64 倍，如今只有 5.49 倍，充分说明城市在整体推进高质量发展，以实现城市间的协第二,从城市休闲化发展的五个维度看,各个城市彼此之间的差距还是比较明显,反映出我国城市休闲化过程的不平衡性、复杂性与多样性。首先,大多数城市在五个维度上的指标得分均有所提升,尤其体现在交通、环境、经济能力方面,表明11年来随着国家经济的持续发展,交通运输治理体系的持续完善,以及生态文明建设的持续推进,城市休闲大环境取得了明显成效,这为休闲消费增长后劲创造了扎实基础。其次,36个城市内部的休闲化结构在供给与需求方面存在一定的错位现象。在社会主要矛盾变化的大背景下,人民追求美好生活需要的热情高涨,从事休闲消费的动机强烈,但现实的供给是否真正有效地满足了人们的休闲消费需求,是值得思考的地方。当前,建设文化特色鲜明的国家级旅游休闲城市已成为新时期城市发展的重要目标,宗旨就是要满足人民美好生活需要,因此,如何破解城市内部休闲化发展的不均衡不充分性,显然已成为城市治理的重要任务。

第三,从区域层面看,现阶段中国东部地区的城市休闲化水平依然处于领先状态,中西部地区相对滞后,呈现出由东向西递减的分布格局,与我国当前社会经济发展水平的空间分布格局大致吻合。值得注意的是,"东部领先、中部崛起、西部赶超",正在成为后小康时代中国城市休闲化发展的一个新格局。尤其是在城市休闲化发展新的趋势中,西部地区更值得关注。一方面,在"一带一路"倡议与西部开发政策的引导与推动下,西部地区城市休闲化发展水平与发展质量都表现出确定的加速态势,区域发展的整体均值水平高于中部,区域内部发展的协调度优于中部;另一方面,在今年城市休闲化指数综合排名前10位的城市中,东部7个,中部1个,西部2个。显而易见,西部赶超势头明显。在我国36个城市休闲化发展过程中,进步最为显著的城市则是西部地区的贵阳和乌鲁木齐,各自从 2011 年的 28 名和 34 名,分别跃升至 2021 年的 16 名和 23 名。贵阳与乌鲁木齐城市休闲化的发展从一个侧面表明,自十八大以来中央推进西部开发措施以及实施"一带一路"倡议在促进当地城市社会经济发展的同时,极大地提升了西部地区城市休闲化发展水平。与此同时,沈阳、大连、哈尔滨的排名,则分别从 2011 年的 17、12、14 名下降到 2021 年的 22、25、20 名,一定程度上反映了近年来东北地区在社会经济发展方面遭遇的挑战对城市休闲化发展产生的影响。

第四,从城市规模和能级比较看,规模越大,能级越高,城市休闲化发展优势越显著,越有可能从消费端增加对休闲舒适物的需求,进而导致多种类型休闲舒适物的集聚,最终给人口更加集聚的城市带来更大的多样性休闲福利。排在前 5 位的都属于我国的超大型城市,排在后 5 位的城市中,1 个是 Ⅰ 型大城市,3 个是 Ⅱ 型大城市,1 个是中等城市。显然在目前阶段,城市规模和能级可能是影响城市休闲化发展水平的重要条件,或许是当前我国城市休闲化发展过程中的一种常态。

当今中国已经进入全面建设小康社会、加快推进社会主义现代化的新发展阶段,实现共同富裕成为重要目标。因此,城市休闲化的发展在实现共同富裕过程中理应承担使命和职责,成为缓解社会矛盾、满足民众精神上共同富裕的有效途径。我国人均 GDP 已经突破 1 万美元的重要关口,借鉴国际经验可知,进入后小康时代,我国城市休闲化将步入通过高质量发展以服务民生为特征的新阶段,并可能形成以下几个发展趋势。

一是,城市休闲化深入发展将成为缓解社会主要矛盾的有效途径,在满足人民群众美好生活需要愿景的过程中发挥重要作用。我国城市建设已经进入"人民城市人民建,人民城市为人民"的发展时期,城市休闲化发展在有助于实现"城市,让生活更美好"的发展目标的同时,为正在如火如荼进行的"人民城市建设"提供范本,并将在缓解社会主要矛盾和满足居民实现美好生活需要愿景的过程中发挥重要作用。

二是,城市休闲化发展重点将由水平型和规模型向质量型和内涵型转型发展的新时期。我国人均GDP已经突破1万美元的重要关口,借鉴国际经验可知,进入后小康时代,我国城市休闲化发展将发生比较明显的变化,进入休闲化指数综合评价前十的城市以及位于东部发达地区的大多数城市即将从以往注重休闲化水平发展转向注重质量发展,从注重休闲化规模发展转向注重内涵发展的新阶段。

三是,城市休闲化市场服务对象将进入主客共享,并以本地居民为主的发展新阶段。随着双循环战略的实施以及疫情防控常态化时代的来临,居民生活休闲化、休闲消费本地化、游憩环境舒适化特征将日趋显著。一方面,城市休闲产业的布局重点、休闲设施配置结构和休闲市场服务对象将进一步围绕当地居民进行调整和优化;另一方面,随着城市群内部交通网络的公交化和休闲时间的碎片化,游客和居民在日常生活中的互动与交流不断加强,必将带来主客共享休闲旅游发展方式的转型与升级,有利于拓展国内休闲消费市场,促进经济的高质量增长,进而实现全域休闲替代全域旅游的发展目标。

四是,城市休闲化是城市发展的一种新形态,在建设国家级旅游休闲城市和街区中展示引领作用,发挥示范效应。党的十九届五中全会公报指出,要打造一批文化特色鲜明的国家级旅游休闲城市和旅游休闲街区,这对全面推进城市休闲化的加速发展来说是一个积极信号。城市休闲化发展必将在更宏观和更全面的层次上,加速城市文旅融合在深度与广度上的不断推进,并积极推动旅游休闲城市和旅游休闲街区的创建工作不断深化与优化。

2021年的城市休闲化报告由以下三部分组成。第一部分是,总报告,包括绪论、研究对象与评价方法,以及城市休闲化报告等内容。第二部分是,城市休闲化指数分析,包括分类指数评价与分析、36个城市休闲化指数评价与分析等内容。第三部分是,专题研究。

本报告撰写分工如下。第一部分,由楼嘉军、李丽梅负责完成。第二部分,由李丽梅、楼嘉军、马红涛和赵玲玲等负责完成。第三部分,由施蓓琦、张婉盈、楼嘉军、刘松、高雅、宋长海、赵玲玲等负责完成。此外,参加本报告沙龙讨论与材料收集的还有毛润泽、孙晓东、施蓓琦、马剑瑜、关旭、陈享尔、向微、李森、沈莉、郭薇、张馨瑞、赵才、李慧、邹雅婧等。

本报告是由上海师范大学与华东师范大学相关教师以及研究生组成的课题组共同完成的,也是《中国城市休闲化指数》课题组自2011年以来发布的第11份研究报告。2021年度报告得以顺利完成,与课题组全体成员近一年来的辛勤工作,以及以上各位老师和研究生同学的尽力配合密不可分。作为课题负责人,在此我谨向他们表示诚挚的敬意与真诚的感谢。2021年《中国城市休闲化指数》报告是在上海师范大学2021年度智库培育项目支持下完成的,在此特向上海师范大学旅游学院有关管理部门表示谢意。同时,还要感谢上海交通大学出版社的倪华老师和张勇老师对本报告的出版与审校工作付出的心血。由于本报告有关城市休闲化发展水平的评价工作涉及的研究数据采集量比较大,来源又多元化,加上我们认识的局限性,在理论阐述、数据处理、材料分析等方面难免会存在不足,敬请学者与读者批评指正。

楼嘉军

2022年7月

目 录

第一部分 总报告

第二部分 城市休闲化指标分析

第三部分 专题研究

第一部分

总报告

第一章 绪 论

由上海师范大学和华东师范大学相关学者共同组成的课题组,完成了《中国城市休闲化发展研究报告(2021)》的编纂工作。这是"中国城市休闲化指数"课题组成立以来完成的第十一份研究报告。

第一节 研究宗旨

"中国城市休闲化指数"课题组自 2011 年起建立指标体系,评估中国城市休闲化发展水平,并发布相应的发展报告。11 年来,课题组持续不断地观察我国城市休闲指数的变化进程,目的在于对城市休闲化的发展和演进有一个客观的把握,并对城市休闲化发展过程进行梳理和总结,以便形成一个比较科学和客观的可比较的参照物。因而 11 年来课题组在不断优化评价指标体系的过程中,形成了保持评价指标维度基本不变的原则。同时,课题组通过各种公开和权威的途径收集与整理各种统计数据,并进行甄别和核实,确保数据的客观性与准确性。可以比较肯定地说,城市休闲化评价指标体系的排名比较客观地反映了当下中国城市的休闲发展水平。尽管休闲于个人,可以有各种不同程度的主观感受或千差万别的存在方式,但是休闲于城市,则是提升居民生活幸福感与获得感的必要手段,更是评判推进以人民为中心建设工作成效的重要标准。

因此,通过一个比较统一的方式进行评价与识别,以便对城市休闲化发展的综合作用进行测度,而持续监测和观察中国城市休闲化发展水平就是实现这一目标的重要途径。科学看待我国城市休闲化指数连续 11 年的变化特点以及呈现出的演变趋势,能够让相关城市在跨入以人民为核心的发展过程中,从一个侧面明确与知晓城市自身休闲发展的优势与劣势,走出一条适合城市自身特点的休闲化发展之路。

第二节 2021 年城市休闲化研究特征

2021 年,依然是不寻常的一年。新冠肺炎疫情的反复让很多人的脚步停留在本地地域范围内,因此本地休闲成为业界经常提起的关键词,而这与课题组一贯坚持的休闲主要服务于本地居民生活的理念是一致的,也更加凸显了城市休闲化研究的重要性与现实性。

对城市而言,本地休闲形式也是因城市规模不同而有差异的。城市人口规模体现了城市消费偏好的多样性,因而一定程度上反映了城市休闲形式的多样性。从数据结果看,东部地区的城市休闲化水平远高于中部、西部和东北地区,主要原因在于东部地区经济整体实力较强,容易引起人口集聚,从而休闲消费需求较强,最终引致休闲服务供给的多样性较强。研究团队也发现,东北地区城市休闲化水平从 2017 年开始落后于中、西部地区。关键的原因可能在于,一方面,这一地区近年来人口流失严重,大大削弱了这一地区的经济增长;另一方面,休闲形式的多样性发展需要人口的规模优势,而人口数量的大幅度下降,在一定程度上制约了该地区休闲消费能力的提升与消费潜力的发挥。

对城市而言,本地居民的休闲心态并未因城市规模不同而有所差异。休闲是居民的基本权利之一。课题组研究发现,随着社会经济水平的提高,人们参与休闲的意愿越来越强烈,而这一点并未因城市规模不同而有较大差异。近年来,绿色、生态和文化等休闲方式成为城市居民普遍的选择。第一,在国家生态文明战略的实施下,各地都非常注重生态环境建设,这赋予了城市日常性休闲空间的活力与生命力,便于人们开展活动与社会交往。以成都为例,近年来一直在积极践行公园城市建设目标,使得居民能够推窗见绿、出门见园,这一发展理念实质上强调了自然与社会经济文化的相融合、生态与生产生活相适宜的城市发展的核心价值,促进了城市居民休闲文化生活的健康性与多元性。不仅仅是在成都,在中国的许多城市大地上都冒出了越来越多的"绿",中国最"绿"城市评比也成了潮流。城市"绿"的建设,不仅推动了城市以人为本的发展逻辑,更促进了城市绿色空间的全民共享化与休闲化。第二,文化类休闲活动也越来越普遍地出现在居民生活中,近年来国家有关部门再三强调要重视文化产业发展,充分发挥文化产业在凝聚社会主义核心价值观、提升居民美好生活质量等方面的重要作用。为此,各城市举办的文化活动愈加丰富多彩,2021年国庆假期,各类博物馆、美术馆、影剧院等文化机构纷纷推出各种活动、节目等,为居民带来丰富的精神文化生活和多样化的文化消费选择,成为城市居民休闲消费增长的新选择与新趋势。当前,国家有关部门又重磅推出了《关于推进实施国家文化数字化战略的意见》,这无疑对文化资源的保护、文化信息的传播、文化场景的搭建等提供了有力保障,更为满足广大居民高质量的休闲文化生活提供了坚实的战略支撑。无疑,未来中国居民的文化休闲生活必将更加丰富多彩。

对城市而言,提供本地休闲服务的多样性依然是不变的宗旨。随着城市化进程的加快,我国城市发展已从单纯的物质空间建设转向多元的生活质量追求,回归了城市发展的本质。如今,一个有着丰富的购物场所、艺术演出、餐饮小吃、公园绿地等休闲服务体系的城市,往往更具有生活气息和人文关怀,更能够从美好生活体验角度彰显城市软实力。因而,必须充分正视休闲服务多样性对于提升城市软实力的重要性。课题组针对城市居民生活方式的研究发现，居民在小长假期间的外出旅游度假活动较多，在工作日和周末的休闲活动却主要以本地场所为主，比如博物馆、影剧院、商场、公园、绿地、街区、餐饮等。与此同时，在疫情防控常态化背景下，就地休闲特征愈加明显。课题组的研究结果也显示，休闲方式的趣味性、参与性，以及休闲设施的质量、休闲服务水平、休闲管理水平等却不同程度地制约了人们的本地化休闲行为。因此，在本地居民休闲需求活跃的态势下，城市需要充分发挥人们休闲的主动性和创造性，让居民参与到休闲服务场景的营造中，提升休闲供给体系与居民休闲需求的适配性。如此不仅可以让城市治理更具弹性与灵活度，更能够使城市成为一个充分尊重不同居民生活习俗、充分展现多元休闲文化的容器，从而增强城市软实力。

第三节　发展趋势

11年来，课题组通过数据研究、问卷调查、现实观察等多种形式，探究和刻画了城市休闲化的变化轨迹，这无疑是考察城市变迁的宝贵资料。在研究过程中，我们发现城市在休闲方面的变化既日新月异，精彩纷呈，又伴随着诸多新问题、新挑战。尤其是在外部环境复杂多变的形势下，数字化休闲、就地休闲等形式不断放大且成为常态，这使得我们进一步去思考这些休闲变化带给人们的意义是什么，或者未来休闲场景的内容又会怎样。数字休闲的发展与互联网、智能手机的应用不可分割，已成为当代居民的重要选择，但相伴随产生的数字休闲鸿沟问题又成为一个重要的研究话题。老年人、残疾人等群体如何融入数字休闲场景，或许这就是我们未来要研究或关注的数字休闲公平问题。再比如，因就地休闲活动普遍而产生的精致露营场景,已成为不仅仅是居民也包括行业人士想要扎堆进入的领域。露营休闲活动由来已久,但精致露营是这两年才在中国火起来的话题。小长假期间,许多城市的郊野公园内充满了各色帐篷,固然是体验自然、享受休闲的一种别致选择,但从产业发展角度而言,这一行业依然充满一些风险性问题。譬如,环境清理问题、露营安全问题。不少人带着人间美味去露营,临走时却留下成堆垃圾;也有人在露营过程中,遭受外来动物的袭击。类似这些问题,都需要我们去直面研究,也从一个侧面说明目前所产生的新兴休闲形式,必须带着理性的眼光和严谨的态度进行探究。

就城市休闲化研究本身而言,课题组认为未来会逐渐呈现如下表现与特征,值得深入关注。

第一,城市休闲化深入发展将成为缓解社会主要矛盾的有效途径。习近平总书记在党的十九大报告中明确指出:"中国特色社会主义进入新时代,我国社会主要矛盾已经转化为人民日益增长的美好生活需要和不平衡不充分的发展之间的矛盾。"随着课题组对城市休闲化研究的深入,我们愈发认为城市休闲化建设在满足人民群众美好生活需要愿景的过程中发挥着重要作用。当前,我国城市建设已经进入以"人民城市人民建,人民城市为人民"为核心目标的新阶段,城市休闲化发展有助于实现"城市,让生活更美好"的发展目标。同时,不断深化的城市休闲化发展,一方面为正在如火如荼进行的人民城市建设提供范本;另一方面,也为促进城市休闲服务的公平性与正义性、为实现城市居民的美好生活目标提供重要支撑。

第二,城市休闲化发展重点将步入由水平型和规模型向质量型和内涵型转型的新时期。2019 年,我国人均 GDP 已经突破 1 万美元的重要关口,借鉴国际经验可知,进入后小康时代,我国城市休闲化发展将发生比较明显的变化,即从以往注重水平发展转向注重质量发展,从注重规模发展转向注重内涵发展的新阶段。这一点是毋庸置疑的,美好生活已经成为居民生活中的重要内容,虽然有新冠肺炎疫情的影响,人们的休闲娱乐范围受到一定的限制,但并没有局限人们内心对美好休闲生活的向往与追求。而各地涌现出来的各式各样的休闲场景,无不表征了休闲理念与意识已经深深镌刻在人们心中,成为后小康时代城市生活品质的重要体现。人们休闲需求的空前高涨,休闲行为的多元展现,进一步加快了城市休闲化发展从水平型和规模型向质量型和内涵型转变的步伐。从一定意义上讲,这是未来城市高质量发展的重要驱动力,也是提升城市具有吸引力和竞争力的重要抓手。

第三,城市休闲化市场服务对象将进入主客共享,并以本地居民为主的发展新阶段。随着双循环战略的实施以及疫情防控常态化时代的来临,居民生活休闲化和休闲消费本地化特征将日趋显著,城市休闲产业的布局重点、休闲设施配置结构和休闲市场服务对象将进一步围绕当地居民进行调整和优化,全域休闲将替代全域旅游。全域休闲这一理念是我们课题组一直坚持的理念。相对全域旅游,全域休闲从空间尺度表征了休闲的覆盖群体,即包括本地居民和外来游客,他们都是城市休闲化建设的受益者,而且从功能尺度体现了城市从建设之初到如今一直都要秉承以人为本的宗旨。早在1933年发布的《雅典宪章》就指出,休闲是城市的基本功能之一。全域休闲恰恰体现了这一宗旨,并且进一步放大或强化了这一宗旨。这是因为城市居民对美好生活的追求与渴望较之以往有了较大幅度的提升,满足人们的休闲权利是城市发展的应有之义。

第四,城市休闲化发展在建设国家级旅游休闲城市和街区中分实展示引领作用,高度发挥示范效应。党的十九届五中全会公报指出,要打造一批文化特色鲜明的国家级旅游休闲城市和旅游休闲街区。2021年,国家级旅游休闲街区名单已经正式公布,包括北京市东城区前门大街、天津市西青区杨柳青古镇街区、上海市徐汇区武康路-安福路街区等在内的54家街区入选,这一名单的公布意味着旅游休闲街区建设提升到一个重要地位。这54家国家级旅游休闲街区,不仅是贯彻落实党的十九届五中全会和国家"十四五"规划、"十四五"旅游业发展规划任务的具体举措,更是在当前疫情防控常态化背景下,各地丰富和扩大本地休闲产品供给,满足当地居民美好生活需求的重要抓手。实际上,国家级旅游休闲街区的建设工作也是与近年来国家所推进的文旅融合工作是一脉相承的。文旅融合坚持"以文促旅、以旅彰文"的发展理念,而旅游休闲街区的建设与认定工作也正是这一理念的落实与表现。因此,无论是旅游休闲城市,抑或旅游休闲街区,它们都是发挥文旅融合优势,推动扩大旅游休闲消费,助力构建新发展格局的重要支撑。结合城市休闲化研究工作,课题组也认为,城市休闲化发展必将在更宏观和更全面的层次上,加速城市文旅融合在深度与广度上的不断推进,并积极推动旅游休闲城市和旅游休闲街区的创建工作不断深化与优化。

第二章　指标体系与评价方法

第一节　指标体系

结合城市休闲化的内涵与特征,本研究认为城市休闲化是经济、服务、环境、消费和交通综合作用的过程。为进一步测度城市休闲化发展水平,本文将城市休闲化评价指标归纳为经济与产业发展、休闲服务与接待、休闲生活与消费、休闲空间与环境、交通设施与安全五个方面,共涵盖43[①]个具体指标。见表2-1。

表2-1　中国城市休闲化评价指标体系

一级指标	二级指标	三 级 指 标	单位	变量	属性
经济与产业发展	经济水平	地区生产总值	亿元	X 1	正向
		人均地区生产总值	元	X 2	正向
	城市化水平	城市化率	%	X 3	正向
	产业发展	第三产业占地区生产总值比重	%	X 4	正向
		第三产业就业人数占全部就业人数比重	%	X 5	正向

---

① 原为44个指标。由于相关统计年鉴中有关"入境过夜旅游者人均花费"这一指标不再纳入统计口径中,导致该数据获取困难,故将该指标去除,评价指标数量减为43个。

续 表

一级指标	二级指标	三 级 指 标	单位	变量	属性
经济与产业发展	产业发展	社会消费品零售总额	亿元	X 6	正向
		住宿和餐饮业零售总额	亿元	X 7	正向
		批发、零售、住宿和餐饮业从业人数	万人	X 8	正向
		限额以上批发、零售、住宿和餐饮业企业个数	个	X 9	正向
休闲服务与接待	文化设施	博物馆数量	个	X 10	正向
		公共图书馆数量	个	X 11	正向
		文化馆数量	个	X 12	正向
		剧场、影剧院个数	个	X 13	正向
		国家重点文物保护单位数量	个	X 14	正向
	休闲旅游接待	旅行社数量	个	X 15	正向
		星级饭店数量	个	X 16	正向
		国家4A级及以上景区数量	个	X 17	正向
		公园个数	个	X 18	正向
	游客接待规模	国内旅游人数	万人次	X 19	正向
		入境旅游人数	万人次	X 20	正向
休闲生活与消费	居民消费	城镇居民家庭恩格尔系数	％	X 21	负向
		城市居民人均可支配收入	元	X 22	正向
		城市居民消费价格指数(以上一年为100)	％	X 23	正向
		城市居民家庭人均消费性支出	元	X 24	正向

一级指标	二级指标	三级指标	单位	变量	属性
休闲生活与消费	居民消费	城市居民人均家庭设备用品及服务消费支出	元	X 25	正向
		城市居民人均医疗保健消费支出	元	X 26	正向
		城市居民人均交通通信消费支出	元	X 27	正向
		城市居民人均教育文化娱乐服务消费支出	元	X 28	正向
	家庭休闲设备	每百户城镇常住居民家庭年末彩色电视机拥有量	台	X 29	正向
		每百户城镇常住居民家庭年末家用电脑拥有量	台	X 30	正向
休闲空间与环境	居住空间	市区人均居住面积	平方米	X 31	正向
	城市绿化	城市(建成区)绿化覆盖率	％	X 32	正向
		城市绿地面积	公顷	X 33	正向
		城市人均公园绿地面积	平方米	X 34	正向
	城市环境	空气质量达到及好于二级的天数	天	X 35	正向
		国控主要城市区域环境噪声	等级声效	X 36	负向
	环境荣誉	国家荣誉称号数	个	X 37	正向
交通设施与安全	城市交通	公共汽车、电车客运量	万人次	X 38	正向
		轨道交通客运量	万人次	X 39	正向
		公路运输完成客运量	万人次	X 40	正向
		铁路运输客运量	万人次	X 41	正向
		民用航空旅客发送量	万人次	X 42	正向
	交通安全	交通事故发生数	起	X 43	负向

第一类,经济与产业发展,是城市休闲化发展的先决条件。主要反映城市居民进行休闲消费的宏观环境,包括地区生产总值,人均地区生产总值,城市化率,第三产业占地区生产总值比重,第三产业就业人数占全部就业人数比重,社会消费品零售总额,住宿和餐饮业零售总额,批发、零售、住宿和餐饮业从业人数,限额以上批发、零售、住宿和餐饮业企业个数,合计9项。

第二类,休闲服务与接待,是城市休闲化发展的内在驱动力。主要反映城市为满足本地居民日常休闲娱乐和外来游客观光度假需求而提供的休闲服务设施,以及城市的休闲旅游接待能力,包括博物馆数量,公共图书馆数量,文化馆数量,剧场、影剧院数量,国家重点文物保护单位数量,旅行社数量,星级饭店数量,国家4A级及以上景区数量,公园数量,国内旅游人数,入境旅游人数,合计11项。这是表征一座城市休闲功能水平的重要指标。

第三类,休闲生活与消费,是反映城市居民休闲生活质量的重要指标,也是城市居民生活休闲化发展的核心内容。主要反映城市居民生活质量和休闲消费结构,包括城镇居民家庭恩格尔系数,城市居民人均可支配收入,城市居民消费价格指数(以上一年为100),城市居民家庭人均消费支出,城市居民人均家庭设备用品及服务消费支出,城市居民人均医疗保健消费支出,城市居民人均交通通信消费支出,城市居民人均教育文化娱乐服务消费支出,每百户城镇常住居民家庭年末彩色电视机拥有量,每百户城镇常住居民家庭年末家用电脑拥有量,合计10项。

第四类,休闲空间与环境,主要反映城市居民的居住空间尺度和城市游憩环境质量,包括市区人均居住面积,城市(建成区)绿化覆盖率,城市绿地面积,城市人均公园绿地面积,空气质量达到及好于二级的天数,国控主要城市区域环境噪声,国家荣誉称号数量,合计7项。这是衡量一个城市是否具备提供人们从事户内外游憩活动的基本物质条件，也是构成城市休闲化发展的重要载体。

第五类，交通设施与安全，主要反映城市内外交通的承载能力、便捷程度和安全可靠性，包括公共汽车、电车客运量，轨道交通客运量，公路运输完成客运量，铁路运输客运量，民用航空旅客发送量，交通事故发生数，合计6项。这是城市本地居民和外来游客开展休闲活动的前提，是城市休闲化发展的基础条件。

第二节　研究对象与研究方法

一、研究对象

本报告的研究对象包括国内22个省会城市、5个自治区首府城市、4个直辖市和5个计划单列市（大连、青岛、宁波、厦门、深圳），共计36个城市。选择这36个城市的原因在于以下几方面。一是考虑到数据的可获得性和全面性；二是考虑到数据的时间连续性和纵向的可比性。自从"中国城市休闲化指数"课题组于2011年首次发布《中国城市休闲化发展研究报告》以来，一直持续跟踪研究上述36个城市的休闲化发展状况。研究对象的一致性有利于把握中国城市休闲化发展的总体趋势和变化特点。

2020年，纳入监测的36座城市合计人口为33 070.89万人，约占全国总人口的23.79%；合计面积为534 129.93平方公里，约占全国总面积的5.54%；合计国内生产总值为355 840.79亿元，约占全国国内生产总值（GDP）的39.52%。显然，通过研究36座城市休闲化指数，对于全国范围内城市休闲化的发展具有重要的引领作用与示范效应。希望借此为后小康时代中国城市经济高质量发展、居民生活高品质打造,以及居民美好生活满意度提升提供理论参考与实践借鉴。

本研究数据均来自《中国统计年鉴》《中国城市统计年鉴》《中国第三产业统计年鉴》《中国交通年鉴》《中国文化与文物统计年鉴》,以及各省(自治区、直辖市)国民经济和社会发展统计公报等国家和省(自治区、直辖市)级有关管理部门公开出版或发布的统计数据。

二、评价方法

(一)数据标准化处理

本研究所有指标口径概念均与国家统计局制定的城市基本情况统计制度保持一致,以保证评价结果的客观公正性。按照评价指导思想与评价原则要求,所有指标分为两类:一是正向指标,即指标数据越大,评价结果越好;二是逆向指标,即这类指标的数值与评价结果成反向影响关系,指标数值越大,评价结果就越差。本报告中"交通事故发生数"和"城镇居民家庭恩格尔系数"属于此类。本研究对逆向指标进行一致化处理,转换成正向指标,具体采用如下公式。

$$X' = \frac{1}{x}(x > 1)$$

并对所有逆向指标的 X 数据进行变化,统一为正向指标。

(二)指标赋权方法

在以往相关研究文献中,计算权重通常采用主观判断法和客观分析法。前者通过对专家评分结果进行数学分析实现定性到定量的转化,后者则通过提取统计数据本身的客观信息来确定权重。主观判断法对先验理论有很强的依赖性,受调查者往往以某种先验理论或对某种行为的既定认识来确定指标权重,所以使用主观判断法会造成指标选取和权重确定上的主观性和随意性,从而降低综合评价分析的科学性。客观分析法是通过对评价指标数据本身的客观信息进行提取分析,从而确定权重大小,其特点是客观性强,但其忽略了专家经验在确定权重中应用的重要性,赋权结果有时说服力不强。

在本指标体系中指标较多,数据信息量较大,为避免数据处理的失真,本文主要按照客观分析法,依靠可得性客观数据,并运用基于客观数据分析的"差异驱动"原理,对我国 36 个城市的休闲相关变量进行赋权,目的在于消除人为因素的影响,提高评价的科学性,[①]将指标变量数列的变异系数记为

$$V_j = \frac{S_j}{\bar{X}_j}, \text{其中} \bar{X}_j = \frac{1}{36} \sum_{i=1}^{36} X_{ij}$$

$$S_j = \sqrt{\frac{1}{36} \sum_{i=1}^{36} (X_{ij} - \bar{X}_j)^2}$$

$$(i = 1, 2, 3, \cdots, 36; j = 1, 2, 3, \cdots, 43)$$

由此,变量的权重为

$$\lambda_j = \frac{V_j}{\sum_{j=1}^{43} V_j} \tag{1}$$

(三)综合评价模型

变量集聚是简化城市休闲化评价指标体系(Urban Recreationalization Index,简称 URI)的有效手段,即指数大小不仅取决于独立变量的作用,也取决于各变量之间形成的集聚效应。非线性机制整体效应的存在,客观上要

---

① 杨勇. 中国省际旅游业竞争力分析——ARU 结构与影响因素[J]. 山西财经大学学报,2007(10):53 - 60.

求经济与产业发展(EI)、休闲服务与接待(SH)、休闲生活与消费(LC)、休闲空间与环境(SE)、交通设施与安全(TS)全面协调发展,产生协同作用。

本评价指标根据柯布道格拉斯函数式构建如下评价模型。

$$URI = EI_{ij}^{a} + SH_{ij}^{b} + LC_{j}^{c} + SE_{j}^{d} + TS_{j}^{e} \tag{2}$$

式中,a、b、c、d、e 分别表示经济与产业发展、休闲服务与接待、休闲生活与消费、休闲空间与环境、交通设施与安全的偏弹性系数。从式(2)中可以看出,该函数体现的是城市休闲化各变量指标之间的非线性集聚机制,强调了城市休闲化各指标协调发展的重要性。

在指标数据处理上,由于评价指标含义不同,各指标量纲处理差异比较大,所以不能直接使用各指标数值进行评价。为了使数据具有可比性,采用最大元素基准法对指标数据进行无量纲处理,将实际能力指标值转化为相对指标,即

$$Y_{ij} = (X_{ij} / \max_{1 \leqslant i \leqslant 36}^{1 \leqslant j \leqslant 43} [X_{ij}])$$

经过处理后的城市休闲化评价模型为

$$URI = \sum_{j=1}^{9} Y_{ij}^{a} + \sum_{j=10}^{20} Y_{ij}^{b} + \sum_{j=21}^{30} Y_{ij}^{c} \\ + \sum_{j=31}^{37} Y_{ij}^{d} + \sum_{j=38}^{43} Y_{ij}^{e} \tag{3}$$

总之,城市休闲化评价指标的非线性组合评价法具有以下特点。

第一,强调了城市休闲化评价指标变量间的相关性及交互作用。

第二,着眼于系统性观点,突出了评价变量中较弱变量的约束作用,充分体现了城市休闲化水平的"短板效应",即城市休闲化水平就像43块长短不同的木板组成的木桶,木桶的盛水量取决于长度最短的那块木板。

第三,因采用了指数形式,导致变量权重的作用不如线性评价法明显,但对于变量的变动却比线性评价法更为敏感。

第三章　城市休闲化评价结果

第一节　综合评价

一、36 个城市休闲化指数排名

根据对经济与产业发展、休闲服务与接待、休闲生活与消费、休闲空间与环境、交通设施与安全等五个方面,共计 43 个指标相关数据的统计与分析,得出了全国 36 座城市 2021 年城市休闲化发展指数的综合结果。从综合排名评价得分来看,可以分为以下四个梯队。首先,北京、上海两座城市遥遥领先,属于城市休闲化发展的第一梯队。其次,广州、深圳、重庆、成都 4 个城市位居前列,属于城市休闲化发展的第二梯队。再次,杭州、南京、武汉、宁波、西安、天津、昆明、青岛、厦门、贵阳、郑州、福州、长沙、哈尔滨、济南、沈阳 16 个城市,属于城市休闲化发展的第三梯队。最后,乌鲁木齐、合肥、大连、长春、石家庄、南昌、太原、兰州、南宁、海口、呼和浩特、拉萨、银川、西宁 14 个城市,属于城市休闲化发展的第四梯队。

城市休闲化指数的这一排名也与上述省(自治区、直辖市)在全国的社会经济发展排名相符合,体现了经济与休闲互动发展的和谐特征。北京、上海、广州、深圳、重庆、成都进入城市休闲化指数评价排名的前两个梯队,表明这些城市休闲化发展的和谐性、均衡性也比较显著,所以能够成为我国城市休闲化发展的领先城市。而位于第三和第四梯队的城市,在城市休闲化发展的整体性方面还存在诸多不足。见图3-1。

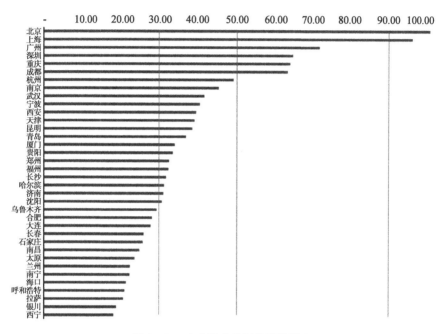

图3-1 36个城市休闲化指数排名

二、发展特征

基于2021年我国城市休闲化指数综合结果,并结合以往几年的评价数值看,大致呈现如下发展特征。

第一,从发展水平看,36座城市休闲化水平呈持续稳步增长态势,其中北京、上海、广州、深圳、重庆稳居前五,这是自2013年以来连续第9年位居排行榜前五位。

第二,从区域层面看,东部地区的城市休闲化水平依然处于领先状态,中西部地区相对滞后,总体上呈现出由东向西递减的分布格局,与我国当前社会经济发展水平的分布格局大致吻合。值得注意的是,在"一带一路"倡议与西部开发政策的引导下,近年来中西部地区城市休闲化的发展速度与发展质量出现了明显的加速态势,在区域上,中国城市休闲化发展已经呈现"东部领先、中部崛起、西部赶超"的新格局。

第三,从单个城市之间的比较看,差距依旧非常显著。例如,排名第一的北京与位列末位的西宁,从城市休闲化指数测度值看,两者之间的发展差距仍然有5.49倍。从城市规模比较看,排在前三位的均是我国东部地区的超大或特大型城市,排在后三位的均位于我国西部地区的城市,属于中等城市或是Ⅱ型大城市。从城市性质比较看,作为计划单列市的深圳、宁波、厦门、青岛和大连5个城市,虽然不属于省会城市,但是由于自身经济条件好,所以在城市休闲化指数排名方面,要明显高于大多数省会城市。特别是深圳,城市休闲化指数的综合排名一直处于第一梯队。

第二节　分类评价

一、分类指标权重

中国城市休闲化评价体系由经济与产业发展、休闲服务与接待、休闲生活与消费、休闲空间与环境、交通设施与安全五个一级指标组成。从城市休闲化评价指标体系中五个一级指标的权重看,休闲服务与接待指标权重最高,为35.16％;接着是交通设施与安全,为27.67％;其后是经济与产业发展,为22.19％;再后是休闲生活与消费,为7.89％;最后是休闲空间与环境,权重最低,为7.09%。显而易见,在目前城市休闲化过程中,休闲服务与接待指标对城市休闲化的影响力最大。这也从侧面表明,休闲产业对于我国城市休闲化的发展正在发挥越来越重要的促进作用。与此同时,休闲空间与环境指标对城市休闲化的影响作用相对较小。这一现状与居民日益高涨的美好生活需要存在较大差距,在一定程度上折射出我国社会主要矛盾不平衡不充分发展的基本特征在城市休闲化过程中得到体现。也表明城市需要加大绿化环境的投入力度,从而提升美好生活的幸福感与获得感。这是促进城市休闲化进程的重要手段之一。见图3-2。

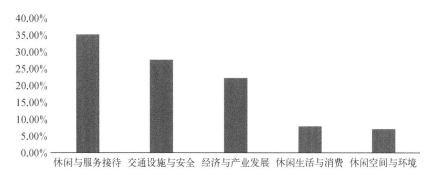

图3-2　城市休闲化评价五大指标权重

二、分类指标分析

(一)经济与产业发展

经济与产业发展是促进城市休闲化进程的前提条件。从经济与产业维度指标看,上海、北京、深圳、广州和成都排名前5位,表明上述城市经济发展实力雄厚,为城市休闲化发展奠定了扎实的基础。而呼和浩特、海口、西宁、银川、拉萨则位列全国后5位,表明经济发展的相对薄弱制约了上述城市休闲化发展的水平。见图3-3。

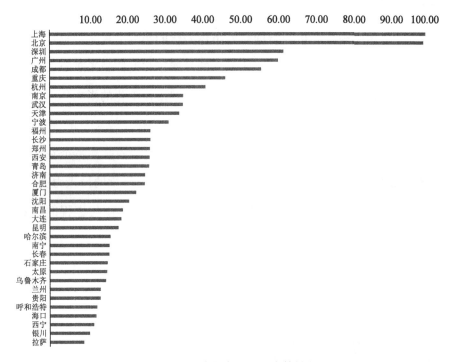

图 3-3　经济与产业发展指数排名

（二）休闲服务与接待

城市的休闲文化、娱乐和旅游等设施是重要的休闲消费场所，接待规模是城市休闲吸引力的重要表现。从休闲服务与接待维度指标看，北京、上海、重庆、深圳和广州进入前 5 位，表明 5 个城市休闲娱乐和文旅融合发展结构相对成熟，休闲文化产业发展的整体性优势比较明显。而拉萨、海口、兰州、西宁和银川位居后 5 位，虽然以上城市在某些具体的文化、旅游方面有优势，但是在整体性发展方面存在诸多薄弱环节，影响了休闲服务与接待类别指数的排名。见图 3-4。

（三）休闲生活与消费

城市居民的消费结构、家庭休闲设备和外来游客花费是反映城市休闲化质量的关键指标。从休闲生活与消费维度指标看，上海、杭州、北

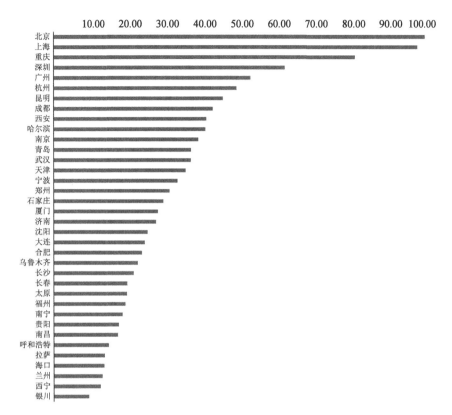

图 3-4　休闲服务与接待指数排名

京、长沙和广州排名前 5 位,反映了上述城市休闲娱乐和文旅市场繁荣,居民用于与休闲相关的综合性消费能力比较强,游客消费支出比较多。而西宁、拉萨、石家庄、南宁和重庆排名最后 5 位,表明休闲娱乐和文化旅游综合消费能力不足,是城市休闲化发展过程中需要突破的瓶颈。见图 3-5。

（四）休闲空间与环境

空气质量、城市绿化覆盖率等指标代表一个城市自然环境状况,成为衡量居民与游客从事户外游憩活动载体环境质量的重要指标。从休闲空间与环境维度指标看,广州、上海、深圳、南京和重庆名列前 5 位。而哈尔

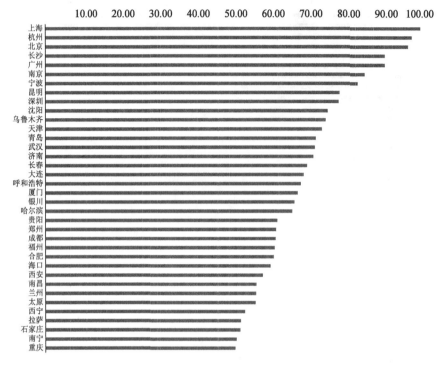

图3-5 休闲生活与消费指数排名

滨、石家庄、太原、西宁和兰州则处于排名的最后5位,一定程度上表明这5个城市户外游憩环境总体质量尚且不高,成为制约城市休闲化发展的短板。见图3-6。

(五)交通设施与安全

交通条件完善,枢纽功能强大,使得本地居民日常的休闲活动与外来游客在当地的旅游观光活动能够互动协调发展。从交通设施与安全维度指标看,北京、成都、广州、上海和贵阳排名前5位。而长春、南宁、西宁、呼和浩特和银川位居最后5位。上述城市交通设施与安全评价指标相对较弱,对本地居民从事日常的休闲娱乐活动以及外来游客开展观光度假活动都会产生一定程度的抑制作用。见图3-7。

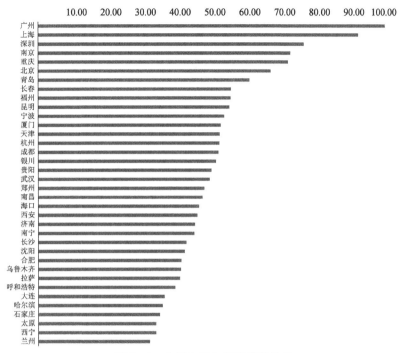

图 3-6　休闲空间与环境指数排名

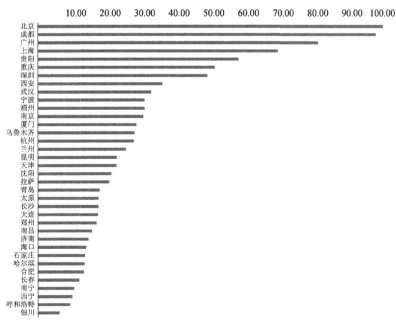

图 3-7　交通设施与安全指数排名

第三节 演变趋势

一、36座城市休闲化指数排序演变趋势

将2021年36座城市的休闲化指数与2011—2020年的相关数据进行比较的话,大致反映出如下几个特点。

第一,北京、上海、广州、深圳、重庆的城市休闲化水平始终名列前五,尽管相关城市的排名略有变化。其中,北京和上海的排名始终是位居前二,广州自2013年来也始终保持第三名的位置,而重庆、深圳的排序则呈现多次交替变换的态势。

第二,自2015年以来,成都和杭州的排名位次紧邻。成都和杭州都拥有良好的休闲氛围和休闲底蕴,政府比较注重城市休闲化建设,致力于改善人居环境、加快休闲相关产业发展,使得城市休闲品质大幅度提升。

第三,大多数城市休闲化排名都有所变化。尤其值得关注的是,贵阳和乌鲁木齐的上升幅度较大。从2011年到2021年,贵阳的排名从28名跃升至16名,乌鲁木齐从34名上升到23名。贵阳的优势指标是交通,尤其是公路运输完成客运量位居第一名,这一点也体现在城市居民人均交通通信消费支出,贵阳内外交通的便捷性,为城市居民休闲活动的开展提供了基础条件。乌鲁木齐的优势指标是交通与休闲生活消费,尤其是公共汽车与电车客运量,为城市休闲生活提供保障。

第四,西部地区的排名整体相对靠后,这与西部地区的经济发展水平有关。不过,随着西部大开发政策深入,以及在"一带一路"倡议及相关政策红利的引导下,西部地区的城市休闲化指数提升速度会进一步加快,见表3-1。

表3-1 中国36个城市休闲化水平排序变化一览表(2011—2021年)

年份	北京	上海	广州	深圳	重庆	成都	杭州	南京	武汉
2011	1	2	4	3	5	9	6	7	10
2012	1	2	4	3	5	1	6	7	8
2013	1	2	3	5	4	9	6	7	10
2014	1	2	3	5	4	8	6	7	11
2015	1	2	3	4	5	6	7	8	9
2016	1	2	3	5	4	6	7	9	8
2017	1	2	3	4	5	6	7	8	9
2018	1	2	3	4	5	7	6	8	9
2019	1	2	3	5	4	6	7	8	10
2020	1	2	3	5	4	6	7	8	10
2021	1	2	3	4	5	6	7	8	9
年份	天津	西安	昆明	沈阳	大连	宁波	青岛	福州	长沙
2011	8	11	18	17	12	13	15	22	21
2012	9	12	14	16	11	13	17	20	21
2013	8	11	16	14	13	12	17	21	20
2014	9	10	16	18	14	13	20	12	19
2015	10	11	12	15	17	13	14	19	18
2016	11	10	14	15	21	12	13	19	20
2017	10	11	12	13	14	15	16	17	18
2018	10	11	17	16	13	12	14	20	15
2019	9	11	18	15	17	12	13	22	16

年份	天津	西安	昆明	沈阳	大连	宁波	青岛	福州	长沙
2020	11	9	16	17	23	12	15	21	13
2021	12	11	13	22	25	10	14	18	19

年份	厦门	济南	哈尔滨	郑州	贵阳	南昌	合肥	长春	石家庄
2011	19	20	14	16	28	30	26	27	23
2012	19	23	18	15	27	28	25	26	22
2013	23	19	18	15	29	31	25	24	22
2014	22	23	17	15	26	28	24	27	21
2015	20	22	21	16	23	28	24	27	25
2016	23	22	18	16	17	27	24	26	25
2017	19	20	21	22	23	24	25	26	27
2018	21	18	19	22	23	25	24	26	27
2019	23	21	19	14	20	24	25	28	26
2020	18	25	24	14	19	28	26	27	20
2021	15	21	20	17	16	28	24	26	27

年份	太原	南宁	乌鲁木齐	呼和浩特	银川	兰州	海口	西宁	拉萨
2011	29	25	34	24	32	35	33	36	31
2012	29	24	33	30	36	32	31	34	35
2013	28	26	33	27	36	32	30	34	35
2014	29	25	32	30	35	33	31	34	36
2015	32	30	29	31	33	35	26	36	34

年份	太原	南宁	乌鲁木齐	呼和浩特	银川	兰州	海口	西宁	拉萨
2016	30	28	31	29	33	34	32	36	35
2017	28	29	30	31	32	33	34	35	36
2018	28	32	30	31	34	33	29	35	36
2019	27	31	33	29	30	32	34	35	36
2020	22	30	31	29	35	32	33	36	34
2021	29	31	23	33	35	30	32	36	34

二、36 座城市休闲化指数等级变化趋势

运用百分制等级划分进行分类,可以分为以下 5 个等级。第一等级,以 A 为好(80～100);第二等级,以 B 为较好(60～79);第三等级,以 C 为一般(40～59);第四等级,以 D 为较低(20～39);第五等级,以 E 为低(1～19)。以此为标准,将我国 36 个城市连续 11 年来的城市休闲化发展水平指数进行排列,在一定程度上可以凸显各个城市休闲化发展变化的相关特征。

通过对我国 36 个城市连续 11 年来的城市休闲化发展水平指数的等级进行排列和比较发现,各个城市在 11 年的发展过程中各具特点。

第一,从总体分布看,城市休闲化水平稳步提升。在 2011 年,36 座城市休闲化水平的综合评价值主要分布在第二至第五等级四个层面,数量分别是 1 个、3 个、9 个、23 个。在 2021 年,36 座城市仍然主要分布在第二等级至第五等级四个层面,数量分别是 2 个、4 个、16 个、14 个。从变化看,第二等级的城市数量由 1 个增加到 2 个。第三等级的城市数

量由 3 个增加到 4 个。第四等级的城市数量由 9 个翻倍至 16 个,增加了 77.78％。第五等级的城市数量由 23 个锐减至 14 个,降低了 33.33％。显而易见,尽管 36 座城市休闲化水平的综合评价值分布等级主要集中在第二至第五等级内,但是各个等级的分布数量已经出现显著变化,充分显示近十年来我国城市休闲化水平得到有效提升。从城市休闲化水平综合评价指标值的地区分布来看,处在第五等级的城市主要是分属于中西部地区,尤其是集中在西部地区,从处于第五等级城市数量的急剧减少可以说明,随着我国社会经济的持续健康发展,城市休闲化水平整体上在缓慢提升。

第二,从东中西部地区城市自身发展的角度看,休闲化水平的广泛提升是发展的主调,但是各个城市的提升幅度差异较大。对 36 个城市休闲化水平综合评价指标值的梳理看,西部地区的城市最显著,接着是东部地区,中部地区相对滞后。以西部地区的成都为例,11 年来提升了将近 16 个百分点。此外,西部地区的重庆、西安和贵阳,也分别提升了将近 9 个百分点。在东部地区,进步最大的城市是宁波,11 年上升了将近 17 个百分点。而广州和上海,则分别提升了将近 12 个百分点和 9 个百分点。在中部地区,合肥提升了将近 11 个百分点。综上所述,成都和宁波是 36 座城市中休闲化水平综合指标值递增最快的城市。见表 3-2。

表 3-2　2011—2021 年中国城市休闲化水平等级数量变化

等级	2011	数量	2012	数量	2013	数量
A	—	0	—	0	北京	1
B	北京	1	北京、上海	2	上海	1
C	上海、广州、深圳	3	广州、深圳	2	广州、重庆	2

续　表

等级	2011	数量	2012	数量	2013	数量
D	重庆、杭州、南京、天津、成都、武汉、西安、宁波、大连	9	重庆、杭州、南京、天津、成都、武汉、西安、宁波、大连	9	深圳、杭州、南京、天津、成都、武汉、西安、宁波、大连、沈阳、郑州、昆明、青岛、哈尔滨、济南	15
E	沈阳、郑州、昆明、青岛、哈尔滨、济南、长沙、福州、石家庄、厦门、长春、合肥、南宁、呼和浩特、太原、贵阳、海口、南昌、兰州、乌鲁木齐、西宁、拉萨、银川	23	沈阳、郑州、昆明、青岛、哈尔滨、济南、长沙、福州、石家庄、厦门、长春、合肥、南宁、呼和浩特、太原、贵阳、海口、南昌、兰州、乌鲁木齐、西宁、拉萨、银川	23	长沙、福州、石家庄、厦门、长春、合肥、南宁、呼和浩特、太原、贵阳、海口、南昌、兰州、乌鲁木齐、西宁、拉萨、银川	17

等级	2014	数量	2015	数量	2016	数量
A	—	0	—	0	—	0
B	北京、上海	2	北京、上海	2	北京、上海	2
C	广州、重庆、深圳	3	广州、深圳、重庆	3	广州、重庆、深圳	3
D	杭州、南京、天津、成都、武汉、西安、宁波、大连、沈阳、郑州、昆明、青岛、哈尔滨、长沙、福州	15	成都、杭州、南京、武汉、天津、西安、昆明、宁波、青岛、沈阳、郑州、大连、长沙、福州、厦门、哈尔滨	16	成都、杭州、武汉、南京、西安、天津、宁波、青岛、昆明、沈阳、郑州、贵阳、哈尔滨、福州、长沙、大连、济南、厦门	18
E	济南、石家庄、厦门、长春、合肥、南宁、呼和浩特、太原、贵阳、海口、南昌、兰州、乌鲁木齐、西宁、拉萨、银川	16	济南、贵阳、合肥、石家庄、海口、长春、南昌、乌鲁木齐、南宁、呼和浩特、太原、银川、拉萨、兰州、西宁	15	合肥、石家庄、长春、南昌、南宁、呼和浩特、太原、乌鲁木齐、海口、银川、兰州、拉萨、西宁	13

续　表

等级	2017	数量	2018	数量	2019	数量
A	北京	1	—	0	—	0
B	上海、广州	2	北京、上海	2	北京、上海	2
C	深圳、重庆、成都	3	广州、深圳、重庆	3	广州、重庆、深圳、成都	4
D	杭州、南京、武汉、天津、西安、昆明、沈阳、大连、宁波、青岛、福州、长沙、厦门、济南、哈尔滨、郑州、贵阳	17	杭州、成都、南京、武汉、天津、西安、宁波、大连、青岛、长沙、沈阳、昆明、济南、哈尔滨、福州、厦门、郑州、贵阳	18	杭州、南京、天津、武汉、西安、宁波、青岛、郑州、沈阳、长沙、大连、昆明、哈尔滨、贵阳、济南、福州、厦门、南昌、合肥	19
E	南昌、合肥、长春、石家庄、太原、南宁、乌鲁木齐、呼和浩特、银川、兰州、海口、西宁、拉萨	13	合肥、南昌、长春、石家庄、太原、海口、乌鲁木齐、呼和浩特、南宁、兰州、银川、西宁、拉萨	13	石家庄、太原、长春、呼和浩特、银川、南宁、兰州、乌鲁木齐、海口、西宁、拉萨	11

等级	2020	数量	2021	数量		
A	—	0	—	0		
B	北京、上海	2	北京、上海	2		
C	广州、重庆、深圳、成都	4	广州、深圳、重庆、成都	4		
D	杭州、南京、西安、武汉、天津、宁波、长沙、郑州、青岛、昆明、沈阳、厦门、贵阳、石家庄、福州、太原、大连、哈尔滨	18	杭州、南京、武汉、宁波、西安、天津、昆明、青岛、厦门、贵阳、郑州、福州、长沙、哈尔滨、济南、沈阳	16		

续 表

等级	2020	数量	2021	数量	
E	济南、合肥、长春、南昌、呼和浩特、南宁、乌鲁木齐、兰州、海口、拉萨、银川、西宁	12	乌鲁木齐、合肥、大连、长春、石家庄、南昌、太原、兰州、南宁、海口、呼和浩特、拉萨、银川、西宁	14	

三、东中西部三个区域的城市休闲化指数变化趋势

本研究进一步立足于东中西部三个区域的发展角度[①],对2011—2021年东中西部地区城市休闲化指数水平进行归纳与分析,发现以下发展与变化特征。

第一,从整体看,三大区域的城市休闲化水平均有所提升,但是值得注意的是,中西部地区城市的休闲化水平提升速率要高于东部地区,而这也与近年来中西部地区社会经济发展增速快于东部地区的现象同步,也从一定意义上表明社会经济发展水平是促进城市休闲化发展的重要前提。中西部地区总体上来讲城市休闲化发展水平要低于东部地区,因此在提高城市休闲化发展水平的空间上要大于东部地区,发展潜力也更为明显。可以预计,随着中西部地区各个城市社会经济发展水平保持在一个比较良好的发展状态,今后一段时间,中西部地区城市休闲化发展速度高于东部地区将成为一种常态。相对而言,东部地区城市休闲化发展水平已达到一定高度,如何将自身的各类优势融入城市休闲化的进程中,提

---

① 三大区域分别为东中西部区域,其中东部区域城市包括北京、上海、深圳、天津、南京、沈阳、杭州、福州、广州、海口、大连、厦门、宁波、青岛、济南;中部区域城市包括长春、合肥、南昌、郑州、长沙、太原、哈尔滨、武汉、石家庄;西部区域城市包括呼和浩特、南宁、成都、西安、乌鲁木齐、贵阳、拉萨、兰州、银川、重庆、昆明、西宁。

升资源利用效率,成为东部地区城市休闲化可持续发展的关键。

第二,从区域内部发展变化看,西部地区内部城市休闲化发展的差异性比较显著。如西部地区的重庆和成都,两座城市休闲化评价值位于全国前茅,且比一些东部城市的休闲化水平值还要高。与此同时,同属西部地区的兰州、乌鲁木齐、西宁、拉萨、银川等城市休闲化水平值就明显偏低,因此在整体上又拉低了西部地区城市休闲化水平的均值。正是从这个角度出发,如何发挥区域核心城市的带动效应,协调区域发展,成为提升西部地区城市休闲化总体水平的关键。

第三,从均值差异角度来看,东部城市休闲化综合水平明显高于中部和西部城市,而中部和西部城市休闲化水平均值比较接近,但西部均值已明显超越了中部地区,一定程度上说明西部在政策红利下,城市休闲化建设取得了明显效果,而中部地区却陷入城市休闲化发展"洼地"的特征,值得引起有关城市高度重视。见表3-3。

表3-3　2011—2021年三大区域城市休闲化水平均值比较

区域	2021	2020	2019	2018	2017	2016	2015	2014	2013	2012	2011
东部	32.09	33.77	35.65	35.08	35.51	35.63	32.21	31.89	32.18	29.70	29.20
中部	19.73	21.88	22.66	21.22	20.77	20.95	18.74	18.58	18.85	16.20	16.39
西部	21.83	22.13	23.58	21.59	22.28	22.45	19.50	18.09	18.13	16.36	16.32

第二部分

城市休闲化
指标分析

第四章 36个城市的休闲化 指标分析

第一节 城市类型的划分及其 标准和依据

改革开放以来,随着国民经济的大力发展和工业化进程的不断推进,我国的城镇化已经取得巨大成就,城市数量和规模都有了明显增长。2014年11月20日,国务院发布了《关于调整城市规模划分标准的通知》,对原有城市规模划分标准进行了调整,明确了新的城市规模划分标准以城区常住人口为统计口径①,将城市划分为五类七档:城区常住人口50万以下的城市为小城市,其中20万以上50万以下的城市为Ⅰ型小城市,20万以下的城市为Ⅱ型小城市;城区常住人口50万以上100万以下的城市为中等城市;城区常住人口100万以上500万以下的城市为大城市,其中300万以上500万以下的城市为Ⅰ型大城市,100万以上300万以下的城市为Ⅱ型大城市;城区常住人口500万以上1000万以下的城市为特大城市;城区常住人口1000万以上的城市为超大城市。依据这一划分标准,可以将本研究对象的36个城市划分为以下五类城市:超大城市6个,

---

① 常住人口:指全年经常在家或在家居住6个月以上,也包括流动人口在所在的城市居住。

特大城市 10 个,Ⅰ型大城市 12 个,Ⅱ型大城市 7 个,中等城市 1 个,见表 4-1。

表 4-1　36 个城市人口规模类型

城　　市	城区人口/万人	类　　型
上　　海	2 428.14	超大城市
北　　京	1 916.40	超大城市
重　　庆	1 610.18	超大城市
广　　州	1 385.87	超大城市
深　　圳	1 343.88	超大城市
天　　津	1 174.44	超大城市
成　　都	887.56	特大城市
武　　汉	865.29	特大城市
杭　　州	810.90	特大城市
郑　　州	717.94	特大城市
南　　京	682.35	特大城市
西　　安	664.21	特大城市
济　　南	640.96	特大城市
沈　　阳	590.00	特大城市
青　　岛	550.14	特大城市
哈 尔 滨	505.45	特大城市
合　　肥	475.01	Ⅰ型大城市
长　　春	473.09	Ⅰ型大城市
昆　　明	408.76	Ⅰ型大城市
长　　沙	396.52	Ⅰ型大城市

城　　市	城区人口/万人	类　　型
南　　宁	392.69	Ⅰ型大城市
大　　连	386.36	Ⅰ型大城市
太　　原	380.00	Ⅰ型大城市
厦　　门	367.88	Ⅰ型大城市
乌鲁木齐	356.41	Ⅰ型大城市
宁　　波	340.63	Ⅰ型大城市
石　家　庄	336.35	Ⅰ型大城市
南　　昌	315.44	Ⅰ型大城市
贵　　阳	297.50	Ⅱ型大城市
兰　　州	256.32	Ⅱ型大城市
福　　州	238.85	Ⅱ型大城市
呼和浩特	214.00	Ⅱ型大城市
海　　口	207.00	Ⅱ型大城市
银　　川	161.73	Ⅱ型大城市
西　　宁	143.37	Ⅱ型大城市
拉　　萨	58.97	中等城市

第二节　超大城市休闲化指标分析

超大城市的城区常住人口规模在1 000万以上,符合这一标准的城市有上海、北京、重庆、广州、深圳和天津共6个。从城市所属区域看,上海、北京、广州、深圳、天津5个城市位于东部地区,重庆位于西部地区。从城市行政级别看,在5个城市中,北京、上海、天津、重庆4个城市属于直辖市,广州属于省会城市,深圳属于计划单列市。一般来说,城市规模越大,城市的休闲娱乐资源也更为丰富。本部分将分析这 6 个城市在 43 个指标属性方面呈现出来的特征。

一、上海

上海是我国重要的经济、交通、科技、工业、金融、会展和航运中心,也是国家历史文化名城,拥有深厚的近代城市文化底蕴和众多历史古迹,海纳百川的多元文化为上海休闲设施的多样性发展奠定了良好的文化基础,也为市民和游客提供了丰富的休闲消费活动。从数据分析上看,上海的各指标水平值区间在 0～6 之间,均值为 1.485 8,高于均值指标水平的指标有 15 个,占总数的 34.88%。具体是轨道交通客运量,剧场、影剧院个数,住宿和餐饮业零售总额,批发、零售、住宿和餐饮业从业人数,入境旅游人数,城市绿地面积,地区生产总值,社会消费品零售总额,博物馆数量,限额以上批发、零售、住宿和餐饮业企业个数,旅行社数量,民用航空旅客客运量,国家 4A 级及以上景区数量,公共汽车、电车客运量,国内旅游人数。其中轨道交通客运量的指标水平值最高(5.445 9),其次是剧场、影剧院个数(4.720 7),较往年有所增长。可以看出,上海在城市交通网络、休闲娱乐设施和住宿餐饮方面表现良好,对城市休闲化进程起到推进作用。

低于均值水平的指标有 28 个,占指标总数的 65.12%。具体是星级饭店数量,公园个数,每百户城镇常住居民家庭年末家用电脑拥有量,国家重点文物保护单位数量,公共图书馆数量,城市居民人均教育文化娱乐服务消费支出,人均地区生产总值,文化馆数量,国家荣誉称号数,城市居民人均医疗保健消费支出,城市居民家庭人均消费性支出,城市居民人均可支配收入,铁路运输客运量,城市居民人均交通通信消费支出,城市居民人均家庭设备用品及服务消费支出,空气质量达到及好于二级的天数,第三产业就业人数占全部就业人数比重,城市化率,城镇居民家庭恩格尔系数,每百户城镇常住居民家庭年末彩色电视机拥有量,市区人均居住面积,第三产业占地区生产总值比重,交通事故发生数,城市人均公园绿地面积,公路运输完成客运量,城市(建成区)绿化覆盖率,国控主要城市区域环境噪声,城市居民消费价格指数(以上一年为100)。从中可以发现,低于均值水平的指标主要体现在人均意义上的指标和文化设施规模方面,这说明上海在不同人群休闲需求的充分性和均衡性方面,还有待进一步提高。

从横向比较来看,上海各个指标在36个城市中的排名主要集中在中等水平以上。其中,在36个城市中排名前十位的有地区生产总值,人均地区生产总值,城市化率,第三产业占地区生产总值比重,第三产业就业人数占全部就业人数比重,社会消费品零售总额,住宿和餐饮业零售总额,批发、零售、住宿和餐饮业从业人数,限额以上批发、零售、住宿和餐饮业企业个数,公共汽车、电车客运量,轨道交通客运量,铁路运输客运量,民用航空旅客客运量,文化馆数量,博物馆数量,公共图书馆数量,剧场、影剧院个数,国家重点文物保护单位数量,每百户城镇常住居民家庭年末家用电脑拥有量,旅行社数量,星级饭店数量,国家4A级及以上景区数量,公园个数,国内旅游人数,入境旅游人数,城市绿地面积,城镇居民家庭恩格尔系数,城市居民人均可支配收入,城市居民消费价格指数(以上一年为100),城市居民家庭人均消费性支出,城市居民人均家庭设备用品及服务消费支出,城市居民人均医疗保健消费支出,城市居民人均交通通信消费支出,城市居民人均教育文化娱乐服务消费支出等34个指标。其中,地区生产总值,社会消费品零售总额,剧场、影剧院个数,每百户城镇常住居民家庭年末家用电脑拥有量,旅行社数量,城市

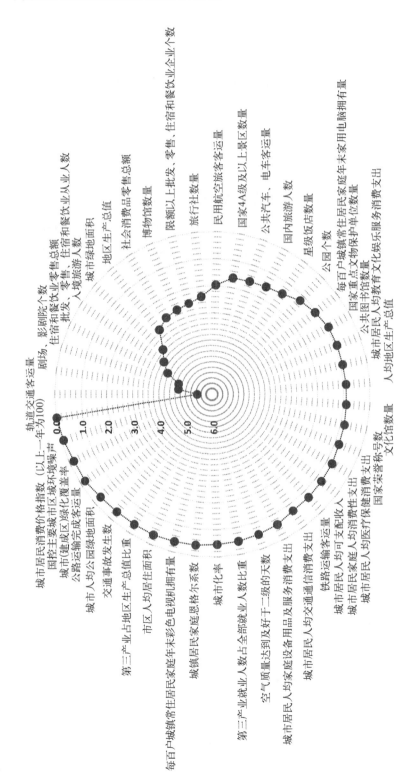

图 4－1　上海各指标水平排列图

绿地面积,城市居民人均可支配收入,城市居民家庭人均消费性支出在36个城市中排名第一,这说明上海经济发展、收入水平等在全国遥遥领先。需要特别指出的是,尽管上海的每百户城镇常住居民家庭年末家用电脑拥有量低于均值水平,但是在城市排名中却位列第一,说明此项指标在整体排名良好。空气质量达到及好于二级的天数(第13名),市区人均居住面积,每百户城镇常住居民家庭年末彩色电视机拥有量(第16名),国家荣誉称号数(第17名),交通事故发生数,国控主要城市区域环境噪声(第18名)在36个城市中处于中等水平;公路运输完成客运量(第29名),城市(建成区)绿化覆盖率(第30名),城市人均公园绿地面积(第35名)3个指标在36个城市中排名后十位,这说明上海的城市休闲化建设在提升居民幸福感方面有待提升。

二、北京

北京是我国的历史文化名城,也是我国政治、文化和国际交往中心,集中了全国性的优秀公共资源,拥有相当丰富的商业文化服务设施、便捷的交通网络和多元的文化景观等。从数据分析上看,北京各个指标水平值区间在0~6之间,均值为1.557 6,高于均值水平的指标有17个,占指标总数的39.53%。具体是轨道交通客运量,住宿和餐饮业零售总额,国家重点文物保护单位数量,博物馆数量,限额以上批发、零售、住宿和餐饮业企业个数,民用航空旅客客运量,公路运输完成客运量,剧场、影剧院个数,星级饭店数量,批发、零售、住宿和餐饮业从业人数,地区生产总值,社会消费品零售总额,公共汽车、电车客运量,国家4A级及以上景区数量,城市绿地面积,旅行社数量,入境旅游人数。其中,指标水平最高的是轨道交通客运量(5.549 7),其次是住宿和餐饮业零售总额(5.225 3)。从中可以看出,北京的交通、住宿、餐饮、文娱设施等发展规模较好,尤其是便捷的交通条件,为北京提供了强大的客流量和消费水平。

低于均值水平的指标有 26 个,占总指标数量的 60.47%。具体是国内旅游人数,公园个数,城市居民人均医疗保健消费支出,公共图书馆数量,人均地区生产总值,铁路运输客运量,城市居民家庭人均消费性支出,文化馆数量,城市居民人均教育文化娱乐服务消费支出,城市居民人均可支配收入,城市居民人均家庭设备用品及服务消费支出,城市居民人均交通通信消费支出,荣誉称号数,每百户城镇常住居民家庭年末家用电脑拥有量,城市人均公园绿地面积,第三产业就业人数占全部就业人数比重,城镇居民家庭恩格尔系数,城市化率,每百户城镇常住居民家庭年末彩色电视机拥有量,空气质量达到及好于二级的天数,第三产业占地区生产总值比重,市区人均居住面积,城市(建成区)绿化覆盖率,交通事故发生数,国控主要城市区域环境噪声,城市居民消费价格指数(以上一年为100)。从中可以发现,低于均值水平的指标多为人均意义上的指标,这表明虽然北京整体经济发展水平较高,但是在人均消费水平、人均收入水平、人均绿化水平以及空气质量水平等指标还比较弱,一定程度导致城市休闲供给不充分、不平衡。

从横向比较来看,北京的指标基本排名前十。其中,第三产业占地区生产总值比重,第三产业就业人数占全部就业人数比重,住宿和餐饮业零售总额,限额以上批发、零售、住宿和餐饮业企业个数,公共汽车、电车客运量,轨道交通客运量,博物馆数量,国家重点文物保护单位数量,城市(建成区)绿化覆盖率,城镇居民家庭恩格尔系数,城市居民人均医疗保健消费支出在 36 个城市中排名第一,这说明北京交通、住宿、餐饮、文娱设施以及绿化水平在全国都处于前列。但是,国家荣誉称号数(第 24 名),市区人均居住面积(第 29 名),空气质量达到及好于二级的天数(第 30名),交通事故发生数(第 31 名)在 36 个城市中的竞争力稍显不足,这说

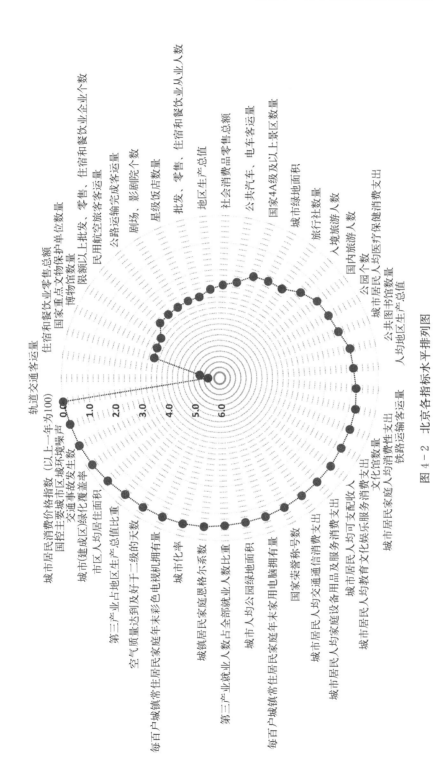

图 4 - 2　北京各指标水平排列图

明北京的城市休闲化建设仍需要继续提升居住生活、环境建设等指标水平。

三、重庆

重庆是中国西部地区唯一的直辖市,也是长江上游地区经济中心、金融中心和创新中心,中西部水、陆、空型综合交通枢纽。从数据结果上看,重庆各指标水平值区间在 0～4,均值为 0.993 4,高于均值水平的指标有 19 个,占指标总数的 44.19%。具体是公路运输完成客运量,国家 4A 级及以上景区数量,国内旅游人数,社会消费品零售总额,博物馆数量,限额以上批发、零售、住宿和餐饮业企业个数,地区生产总值,公园个数,入境旅游人数,公共图书馆数量,文化馆数量,城市绿地面积,国家重点文物保护单位数量,轨道交通客运量,公共汽车、电车客运量,星级饭店数量,国家荣誉称号数,民用航空旅客客运量,住宿和餐饮业零售总额。其中,均值水平最高的是公路运输完成客运量(3.123 3),其次是国家 4A 级及以上景区数量(2.864 2)。从中可以看出,重庆在城市休闲化进程中,交通客运规模、旅游接待设施与规模、文化设施规模、住宿餐饮业规模等指标发展优势较强,注重城市的旅游相关产业发展。

低于均值水平的指标有 24 个,占指标总数的 55.81%。具体有旅行社数量,批发、零售、住宿和餐饮业从业人数,城市人均公园绿地面积,空气质量达到及好于二级的天数,城市居民人均医疗保健消费支出,铁路运输客运量,人均地区生产总值,每百户城镇常住居民家庭年末彩色电视机拥有量,城市居民人均可支配收入,第三产业就业人数占全部就业人数比重,城市居民人均家庭设备用品及服务消费支出,市区人均居住面积,城市居民人均教育文化娱乐服务消费支出,城市化率,城市居民人均交通通信消费支出,城市居民家庭人均消费性支出,城镇居民家庭恩格尔系数,每百户城镇常住居民家庭年末家用电脑拥有量,第三产业占地区生产总值比重,剧场、影剧院个数,城市(建成区)绿化覆盖率,交通事故发生数,国控主要城市区域环境噪声,城市居民消费价格指数(以上一年为100)。从中可以看出,重庆的城市绿化环境、空气质量与环境噪声、人均消费支出等指标发展较弱,说明重庆在发展旅游业的同时,也应注重本地居民的宜居环境,提高人均休闲消费水平。

从横向指标来看,重庆各指标的得分较为均衡。其中,排名前十位的指标有地区生产总值,社会消费品零售总额,住宿和餐饮业零售总额,批发、零售、住宿和餐饮业从业人数,限额以上批发、零售、住宿和餐饮业企业个数,公共汽车、电车客运量,轨道交通客运量,公路运输完成客运量,铁路运输客运量,民用航空旅客客运量,文化馆数量,博物馆数量,公共图书馆数量,国家重点文物保护单位数量,旅行社数量,星级饭店数量,国家4A级及以上景区数量,公园个数,国内旅游人数,入境旅游人数,城市绿地面积,城市人均公园绿地面积,国控主要城市区域环境噪声,国家荣誉称号数,其中文化馆数量,公共图书馆数量,国家4A级及以上景区数量,国内旅游人数,国控主要城市区域环境噪声位列第一。处于中等水平的指标有第三产业就业人数占全部就业人数比重,剧场、影剧院个数,市区人均居住面积,城市(建成区)绿化覆盖率,每百户城镇常住居民家庭年末彩色电视机拥有量,空气质量达到及好于二级的天数,城市居民消费价格指数(以上一年为100),城市居民人均医疗保健消费支出。而在36个城市中排名后十位的指标有城市化率,人均地区生产总值(第30名),第三产业占地区生产总值比重,城镇居民家庭恩格尔系数,城市居民人均可支配收入,城市居民人均家庭设备用品及服务消费支出(第32名),城市居民人均交通通信消费支出,城市居民人均教育文化娱乐服务消费支出(第33名),交通事故发生数(第34名),每

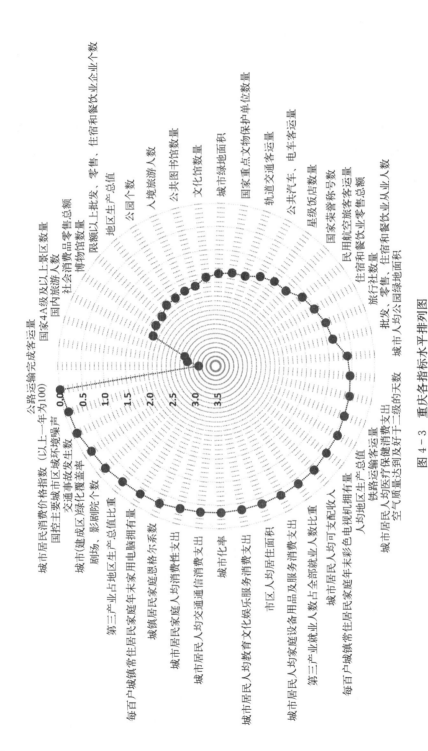

图4-3 重庆各指标水平排列图

百户城镇常住居民家庭年末家用电脑拥有量,城市居民家庭人均消费性支出(第 35 名)等 11 个。从中可以看出,重庆的文化休闲设施规模、国内旅游规模、城市区域环境噪声等水平良好,其中国控主要城市区域环境噪声指标值虽然低于均值水平,但是在 36 个城市中却位列第一,这说明国控主要城市区域环境噪声整体水平都比较低。

四、广州

广州是国务院定位的国际大都市、国际商贸中心、国际综合交通枢纽、国家综合性门户城市、国家历史文化名城,联合国报告指出广州人类发展指数居中国第一。从数据结果上看,广州各个指标水平值区间在 0～5 之间,均值为 1.111 9,高于均值水平的指标有 12 个,占指标总数的 27.91%。具体是轨道交通客运量,入境旅游人数,城市绿地面积,限额以上批发、零售、住宿和餐饮业企业个数,民用航空旅客客运量,星级饭店数量,地区生产总值,公共汽车、电车客运量,社会消费品零售总额,公路运输完成客运量,批发、零售、住宿和餐饮业从业人数,住宿和餐饮业零售总额。其中指标水平值最高的是轨道交通客运量(4.645 1),其次是入境旅游人数(3.835 3)。从中可以看出,广州在城市休闲化进程中,交通客运能力、国际旅游规模、住宿餐饮业发展优势明显。

低于均值水平的有指标有 31 个,占指标总数的 72.09%。具体有旅行社数量,国家荣誉称号数,城市居民人均教育文化娱乐服务消费支出,公园个数,人均地区生产总值,城市人均公园绿地面积,铁路运输客运量,国家重点文物保护单位数量,城市居民人均家庭设备用品及服务消费支出,每百户城镇常住居民家庭年末家用电脑拥有量,城市居民人均交通通信消费支出,城市居民家庭人均消费性支出,国家 4A 级及以上景区数量,城市居民人均可支配收入,博物馆数量,公共图书馆数量,城市居民人均医疗保健消费支出，空气质量达到及好于二级的天数，第三产业就业人数占全部就业人数比重，文化馆数量，城市化率，每百户城镇常住居民家庭年末彩色电视机拥有量，第三产业占地区生产总值比重，市区人均居住面积，剧场、影剧院个数，城镇居民家庭恩格尔系数，国内旅游人数，城市（建成区）绿化覆盖率，交通事故发生数，国控主要城市区域环境噪声，城市居民消费价格指数（以上一年为100）。从中可以看出，广州在城市休闲化进程中较弱的指标有居民人均消费支出水平、城市绿化环境、文化娱乐设施规模等，尚无法与广州国际化大都市相匹配，无法满足不同人群的休闲需求。

从横向指标来看，广州各指标主要处于中上水平。在36个城市中排名前十位的指标有地区生产总值，人均地区生产总值，城市化率，第三产业占地区生产总值比重，第三产业就业人数占全部就业人数比重，社会消费品零售总额，住宿和餐饮业零售总额，批发、零售、住宿和餐饮业从业人数，限额以上批发、零售、住宿和餐饮企业个数，公共汽车、电车客运量，轨道交通客运量，公路运输完成客运量，铁路运输客运量，民用航空旅客客运量，每百户城镇常住居民家庭年末家用电脑拥有量，旅行社数量，星级饭店数量，公园个数，入境旅游人数，城市（建成区）绿化覆盖率，城市绿地面积，城市人均公园绿地面积，每百户城镇常住居民家庭年末彩色电视机拥有量，城市居民人均可支配收入，城市居民家庭人均消费性支出，城市居民人均家庭设备用品及服务消费支出，城市居民人均交通通信消费支出，城市居民人均教育文化娱乐服务消费支出，其中民用航空旅客客运量，城市人均公园绿地面积在36个城市中位列第一。处于中等水平的有文化馆数量，博物馆数量，公共图书馆数量，剧场、影剧院个数，国家重点文物保护单位数量，国家4A级及以上景区数量，市区人均居住面积，空气质量达到及好于二级的天数，国控主要城市区域环境

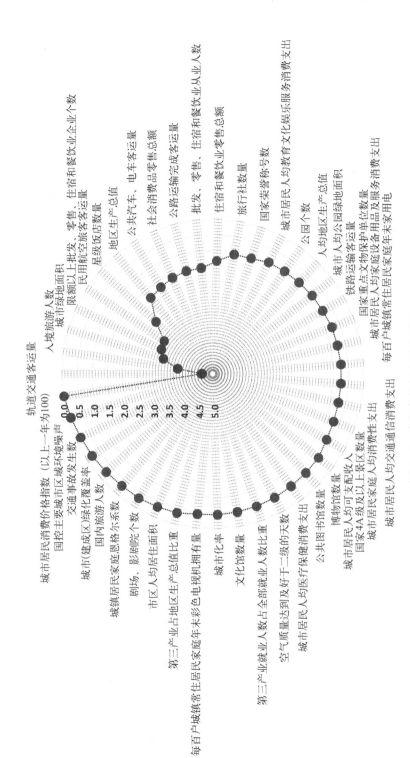

图 4-4　广州各指标水平排列图

噪声,国家荣誉称号数,城市居民人均医疗保健消费支出等指标。而在 36 个城市中排名后十位的指标有交通事故发生数(第 26 名),城市居民消费价格指数(以上一年为 100)(第 27 名),国内旅游人数(第 29 名),城镇居民家庭恩格尔系数(第 31 名)4 个指标。从中可以看出,尽管广州的城市绿化环境、居民人均消费支出在自身排名中靠后,但是与其他城市相比处于较好水平。值得注意的是,广州的国内外游客规模发展不平衡、居民消费能力较弱。

五、深圳

深圳是我国经济特区、全国性经济中心城市和国际化城市,在中国高新技术产业、金融服务、外贸出口、海洋运输、创意文化等多方面占有重要地位。处于改革开放的前沿,具有制度性优势,外来移民较多,为城市休闲化水平发展奠定了坚实的基础。从数据分析上看,深圳各个指标水平值区间在 0~6 之间,均值为 1.003 7,高于均值水平的指标有 15 个,占指标总数的 34.88%。具体是入境旅游人数,公园个数,轨道交通客运量,限额以上批发、零售、住宿和餐饮业企业个数,城市绿地面积,地区生产总值,住宿和餐饮业零售总额,民用航空旅客客运量,社会消费品零售总额,公共汽车、电车客运量,批发、零售、住宿和餐饮业从业人数,人均地区生产总值,旅行社数量,博物馆数量,国家荣誉称号数。其中,指标水平最高的是入境旅游人数(5.189 3),其次是公园个数(4.081 1)。从中可以看出,深圳的入境旅游业、文化娱乐设施、交通客运设施、住宿餐饮业零售规模等指标水平较高,表明深圳在城市休闲化进程中,比较注重国际旅游业发展和交通网络建设。

低于均值水平的指标有 28 个,占总数的 65.12%。具体是城市居民人均交通通信消费支出,城市居民家庭人均消费性支出,城市居民人均教育文化娱乐服务消费支出,星级饭店数量,城市居民人均可支配收入,城市居民人均家庭设备用品及服务消费支出,文化馆数量,空气质量达到及好于二级的天数,城市人均公园绿地面积,每百户城镇常住居民家庭年末家用电脑拥有量,城市化率,铁路运输客运量,公共图书馆数量,公路运输完成客运量,城市居民人均医疗保健消费支出,每百户城镇常住居民家庭年末彩色电视机拥有量,第三产业就业人数占全部就业人数比重,城镇居民家庭恩格尔系数,剧场、影剧院个数,第三产业占地区生产总值比重,国内旅游人数,交通事故发生数,国家4A级及以上景区数量,市区人均居住面积,城市(建成区)绿化覆盖率,国控主要城市区域环境噪声,国家重点文物保护单位数量,城市居民消费价格指数(以上一年为100)。从中可以发现,低于均值水平的指标主要是人均意义上的指标和城市居住环境,说明深圳在城市休闲化进程中,居民的休闲消费水平还需要进一步释放,文化服务设施、空气质量及噪声等也需继续加强优化。

从横向指标来看,深圳各个指标在36个城市中排名水平较为均等,排名前十位的指标有地区生产总值,人均地区生产总值,城市化率,社会消费品零售总额,住宿和餐饮业零售总额,批发、零售、住宿和餐饮业从业人数,限额以上批发、零售、住宿和餐饮业企业个数,公共汽车、电车客运量,轨道交通客运量,铁路运输客运量,民用航空旅客客运量,旅行社数量,公园个数,入境旅游人数,城市(建成区)绿化覆盖率,城市绿地面积,空气质量达到及好于二级的天数,城市居民人均可支配收入,城市居民家庭人均消费性支出,城市居民人均家庭设备用品及服务消费支出,城市居民人均交通通信消费支出等,其中人均地区生产总值,城市化率,公园个数,入境旅游人数4个指标排名第一。处于中等水平的指标有第三产业占人均地区生产总值比重,公路运输完成客运量,交通事故发生数,文化

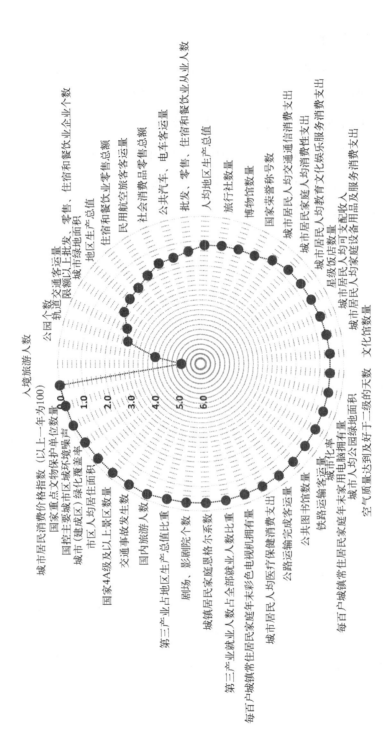

图 4－5　深圳各指标水平排列图

馆数量,博物馆数量,剧场、影剧院个数,每百户城镇常住居民家庭年末家用电脑拥有量,星级饭店数量,城市人均公园绿地面积,每百户城镇常住居民家庭年末彩色电视机拥有量,国家荣誉称号数,城镇居民家庭恩格尔系数,城市居民人均教育文化娱乐服务消费支出。而公共图书馆数量(第27 名),国内旅游人数(第 30 名),第三产业就业人数占全部就业人数比重(第 31 名),国家 4A 级及以上景区数量、城市居民人均医疗保健消费支出(第 32 名),国控主要城市区域环境噪声(第 34 名),城市居民消费价格指数(以上一年为 100)(第 35 名),国家重点文物保护单位数量、市区人均居住面积(第 36 名)等 9 个指标处于下游水平。从中可以发现,深圳经济发展、城市化率与国际化旅游水平较高,但是由于深圳发展历史较短,相较而言缺乏文化底蕴,且工业用地占地远高于居住用地,居民生活压力较大,导致居民幸福指数稍低。

六、天津

天津是我国四大直辖市之一,东临渤海,北依燕山,地理位置优越。近年来,伴随着京津冀城市群的快速发展,未来天津的城市发展潜力不容小觑。从数据分析上看,天津 43 个指标水平值区间在 0～2,均值为0.607 7,高于均值水平的指标有 19 个,占指标总数的 44.19%。具体是限额以上批发、零售、住宿和餐饮业企业个数,博物馆数量,公共图书馆数量,地区生产总值,国家荣誉称号数,国内旅游人数,城市绿地面积,公共汽车、电车客运量,批发、零售、住宿和餐饮业从业人数,国家 4A 级及以上景区数量,城市居民人均医疗保健消费支出,公路运输完成客运量,轨道交通客运量,社会消费品零售总额,旅行社数量,民用航空旅客客运量,国家重点文物保护单位数量,城市居民人均教育文化娱乐服务消费支出,文化馆数量。其中,指标水平值最高的是限额以上批发、零售、住宿和餐饮业企业个数(1.734 1),其次是博物馆数量(1.253 9)。从中可以发现,天津在城市休闲化进程中批发零售业和住宿餐饮业规模、文化娱乐设施规模、交通运输规模等发展良好,表明天津有健全的旅游基础设施,吸引力较强。

低于均值水平的指标有 24 个,占指标总数的 55.81%。具体有住宿和餐饮业零售总额,城市居民人均交通通信消费支出,城市居民家庭人均消费性支出,星级饭店数量,城市居民人均家庭设备用品及服务消费支出,人均地区生产总值,公园个数,城市居民人均可支配收入,剧场、影剧院个数,每百户城镇常住居民家庭年末家用电脑拥有量,城市化率,第三产业就业人数占全部就业人数比重,空气质量达到及好于二级的天数,每百户城镇常住居民家庭年末彩色电视机拥有量,市区人均居住面积,城镇居民家庭恩格尔系数,城市人均公园绿地面积,第三产业占地区生产总值比重,铁路运输客运量,入境旅游人数,城市(建成区)绿化覆盖率,国控主要城市区域环境噪声,交通事故发生数,城市居民消费价格指数(以上一年为100)。从中可以看出,天津的人均消费支出、空气质量、第三产业发展、城市绿化环境、城市化率等发展较弱,这说明天津人均消费能力较弱,空气和环境质量还有待提升因此,提高消费和环境指标的水平,更有利于户外休闲游憩活动的开展。

从横向指标来看,天津各个指标在 36 个城市中的排名主要集中在中上水平。其中,排名前十位的指标有地区生产总值,城市化率,批发、零售、住宿和餐饮业从业人数,限额以上批发、零售、住宿和餐饮业企业个数,公共汽车、电车客运量,公路运输完成客运量,文化馆数量,博物馆数量,公共图书馆数量,国家 4A 级及以上景区数量,国内旅游人数,城市绿地面积,国控主要城市区域环境噪声,国家荣誉称号数,城市居民人均医疗保健消费支出。处于中等水平的有人均地区生产总值,第三产业占地

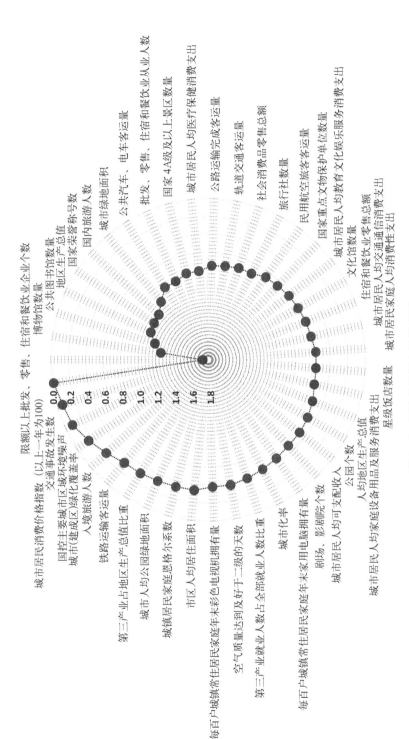

图4-6 天津各指标水平排列图

区生产总值比重,第三产业就业人数占全部就业人数比重,社会消费品零售总额,住宿和餐饮业零售总额,轨道交通客运量,铁路运输客运量,民用航空旅客客运量,剧场、影剧院个数,国家重点文物保护单位数量,每百户城镇常住居民家庭年末家用电脑拥有量,旅行社数量,星级饭店数量,公园个数,入境旅游人数,市区人均居住面积,每百户城镇常住居民家庭年末彩色电视机拥有量,城镇居民家庭恩格尔系数,城市居民人均可支配收入,城市居民消费价格指数(以上一年为100),城市居民家庭人均消费性支出,城市居民人均家庭设备用品及服务消费支出,城市居民人均交通通信消费支出,城市居民人均教育文化娱乐服务消费支出等 24 个指标。

而在 36 个城市中排在后十位的指标有空气质量达到及好于二级的天数(第 32 名),城市人均公园绿地面积(第 34 名),城市(建成区)绿化覆盖率(第 35 名),交通事故发生数(第 36 名)4 个。从中可以看出,天津的批发零售业和餐饮住宿业规模、公共交通客运量、国内旅游人数等无论是在自身发展还是在全国范围内都具备明显优势,但是空气质量、城市绿化环境、交通事故发生数等关乎城市居民生活质量的指标水平较低,在 36 个城市中排名末位,未来需要加强环境、安全方面的管理。

第三节　特大城市休闲化指标分析

特大城市的城区常住人口规模在 500 万以上 1 000 万以下,符合这一标准的城市有成都、武汉、杭州、郑州、南京、西安、济南、沈阳、青岛、哈尔滨等 10 个城市。从城市所属区域来看,有 5 个城市位于东部地区,有 3 个城市位于中部地区,有 2 个城市位于西部地区。从城市的行政级别来看,除青岛属于计划单列市外,其余 9 个城市均为省会城市。

一、成都

成都地处川西盆地,河网纵横、物产丰富,自古享有"天府之国"的美誉,也是国家重要的高新技术产业基地、商贸物流中心和综合交通枢纽。成都的美食和旅游行业一直以来都是支撑成都经济发展的重要产业,每年都会吸引大批游客进入。从数据分析上看,成都各指标水平值区间在 0～8.5,均值为 0.982 7,高于均值水平的指标有 11 个,占指标总数的25.58%。具体是铁路运输客运量,批发、零售、住宿和餐饮业从业人数,民用航空旅客客运量,轨道交通客运量,入境旅游人数,地区生产总值,社会消费品零售总额,公共汽车、电车客运量,国家 4A 级及以上景区数量,国内旅游人数,城市绿地面积。其中指标水平值最高的是铁路运输客运量(8.459 1),其次是批发、零售、住宿和餐饮业从业人数(5.391 0)。从中可以看出,成都在城市休闲化进程中,交通客运规模、住宿餐饮业规模、旅游接待规模和地区经济发展较好,体现了成都网红城市的特性。

低于均值水平的指标有 32 个,占指标总数的 74.42%。具体有博物馆数量,文化馆数量,国家重点文物保护单位数量,公共图书馆数量,旅行社数量,限额以上批发、零售、住宿和餐饮业企业个数,星级饭店数量,国家荣誉称号数,人均地区生产总值,公路运输完成客运量,城市人均公园绿地面积,空气质量达到及好于二级的天数,城市居民人均教育文化娱乐服务消费支出,每百户城镇常住居民家庭年末家用电脑拥有量,城市居民家庭人均消费性支出,城市居民人均可支配收入,城市居民人均交通通信消费支出,第三产业就业人数占全部就业人数比重,公园个数,每百户城镇常住居民家庭年末彩色电视机拥有量,城市居民人均家庭设备用品及服务消费支出,城市居民人均医疗保健消费支出,城市化率,市区人均居住面积,第三产业占地区生产总值比重,住宿和餐饮业零售总额,城镇居民家庭恩格尔系数,交通事故发生数,城市(建成区)绿化覆盖率,剧场、影剧院个数,国控主要城市区域环境噪声,城市居民消费价格指数(以上一年为100)。从中可以看出,成都在城市休闲化进程中发展较弱的指标集中在文化娱乐接待设施、居民休闲消费水平、城市绿化环境等,说明成都的休闲城市建设质量与其拥有的资源优势之间不匹配,在打造高品质的生活目标上还需继续努力。

从横向指标来看,成都各项指标在36个城市中的排名主要集中在中上水平。其中,排名前十位的指标有地区生产总值,第三产业占地区生产总值比重,第三产业就业人数占全部就业人数比重,社会消费品零售总额,批发、零售、住宿和餐饮业从业人数,公共汽车、电车客运量,轨道交通客运量,公路运输完成客运量,铁路运输客运量,民用航空旅客客运量,文化馆数量,公共图书馆数量,国家重点文物保护单位数量,旅行社数量,国家4A级及以上景区数量,国内旅游人数,入境旅游人数,城市(建成区)绿化覆盖率,城市绿地面积,每百户城镇常住居民家庭年末彩色电视机拥有量,其中,批发、零售、住宿和餐饮业从业人数,铁路运输客运量位列第一。处于中等水平的指标有人均地区生产总值,城市化率,住宿和餐饮业零售总额,限额以上批发、零售、住宿和餐饮业企业个数,交通事故发生数,博物馆数量,每百户城镇常住居民家庭年末家用电脑拥有量,星级饭店数量,公园个数,市区人均居住面积,城市人均公园绿地面积,空气质量达到及好于二级的天数,国控主要城市区域环境噪声,城市居民人均可支配收入,城市居民消费价格指数(以上一年为100),城市居民家庭人均消费性支出。而在36个城市中排名后十位的有剧场、影剧院个数,城市居民人均家庭设备用品及服务消费支出(第26名),城市居民人均交通通信消费支出(第27名),国家荣誉称号数,城市居民人均医疗保健消费支出,城市居民人均教育文化娱乐服务消费支出(第28名),城镇居民家庭恩格尔系

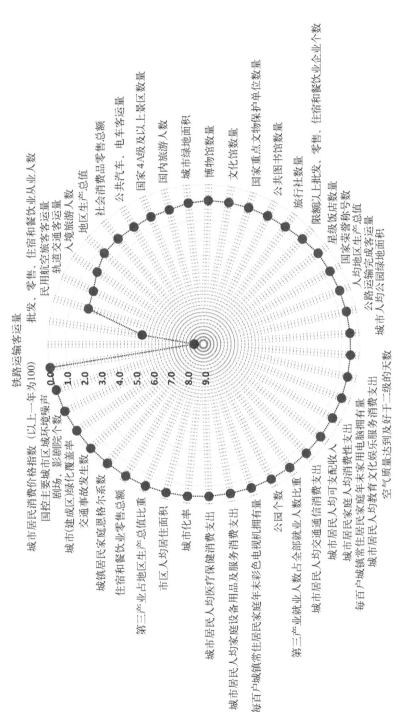

图4-7 成都各指标水平排列图

数(第34名)等7个指标。从中可以看出,不论在横向比较还是纵向比较,成都交通客运规模、住宿餐饮业规模和旅游接待规模的优势显著,但是成都的人均消费支出水平较低。

二、武汉

武汉因其特殊的地理位置,是全国重要的水陆空综合交通枢纽,也是承东启西、接南转北的国家地理中心,历来有九省通衢之称。同时武汉也是中国重要的科研教育基地,其高等院校、科研院所数仅次于北京、上海,居全国城市第三。从数据分析上看,武汉各个指标水平值区间在0~2之间,均值为0.646 8,高于均值水平的指标有16个,占指标总数的37.21%。具体是轨道交通客运量,博物馆数量,国内旅游人数,入境旅游人数,社会消费品零售总额,地区生产总值,公共汽车、电车客运量,铁路运输客运量,国家荣誉称号数,人均地区生产总值,住宿和餐饮业零售总额,批发、零售、住宿和餐饮业从业人数,国家重点文物保护单位数量,限额以上批发、零售、住宿和餐饮业企业个数,公共图书馆数量,城市绿地面积。其中指标水平值最高的是轨道交通客运量(1.717 5),其次是博物馆数量(1.604 3)。从中可以看出,武汉的综合交通枢纽优势明显,轨道交通客运量,公共汽车、电车客运量,铁路运输客运量等指标排名靠前,城市内外交通运输量均衡发展。此外,博物馆、公共图书馆等文化场所数量、国内外旅游规模等发展较好,说明武汉的交通运输业、旅游业和文化业优势明显。

低于均值水平的指标有27个,占指标总数的62.79%。具体有城市居民人均医疗保健消费支出,城市居民人均教育文化娱乐服务消费支出,文化馆数量,国家4A级及以上景区数量,旅行社数量,城市居民家庭人均消费性支出,每百户城镇常住居民家庭年末家用电脑拥有量,民用航空旅客客运量,城市居民人均可支配收入,城市居民人均家庭设备用品及服务消费支出,城市居民人均交通通信消费支出,每百户城镇常住居民家庭年末彩色电视机拥有量,空气质量达到及好于二级的天数,星级饭店数量,城市化率,第三产业就业人数占全部就业人数比重,市区人均居住面积,城市人均公园绿地面积,城镇居民家庭恩格尔系数,公园个数,第三产业占地区生产总值比重,公路运输完成客运量,城市(建成区)绿化覆盖率,交通事故发生数,剧场、影剧院个数,国控主要城市区域环境噪声,城市居民消费价格指数(以上一年为100)。从中可以看出,武汉在城市休闲化进程中,居民人均消费支出、城市绿化环境、空气质量等指标水平还较弱,需要继续加强以提升居民休闲生活幸福感。

从横向指标看,武汉各个指标主要处于中上水平。在36个城市中排名处于前十位的指标有地区生产总值,人均地区生产总值,社会消费品零售总额,住宿和餐饮业零售总额,批发、零售、住宿和餐饮业从业人数,公共汽车、电车客运量,轨道交通客运量,铁路运输客运量,博物馆数量,公共图书馆数量,每百户城镇常住居民家庭年末家用电脑拥有量,国内旅游人数,入境旅游人数,每百户城镇常住居民家庭年末彩色电视机拥有量,其中铁路运输客运量位列第二。排在中等水平的有城市化率,第三产业占地区生产总值比重,第三产业就业人数占全部就业人数比重,限额以上批发、零售、住宿和餐饮业企业个数,公路运输完成客运量,民用航空旅客客运量,文化馆数量,剧场、影剧院个数,国家重点文物保护单位数量,旅行社数量,星级饭店数量,国家4A级及以上景区数量,公园个数,市区人均居住面积,城市绿地面积,国控主要城市区域环境噪声,国家荣誉称号数,城镇居民家庭恩格尔系数,城市居民人均可支配收入,城市居民家庭人均消费性支出,城市居民人均家庭设备用品及服务消费支出,城市居民人均医疗保健消费支出,城市居民人均交通通信消费支出,城市居民

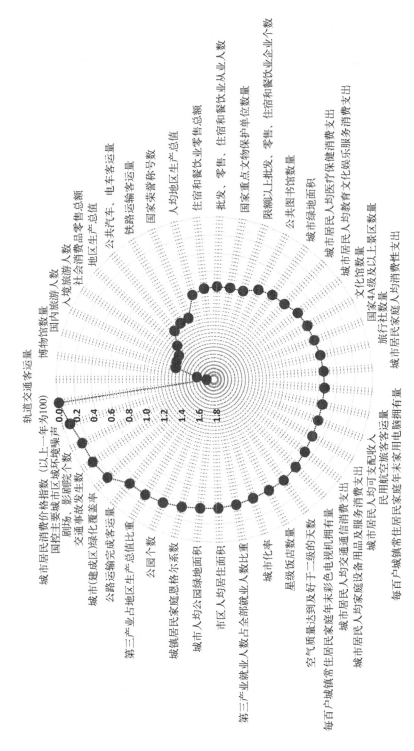

图 4-8 武汉各指标水平排列图

人均教育文化娱乐服务消费支出等24个指标。

在36个城市中排名后十位的指标的有交通事故发生数,城市(建成区)绿化覆盖率(第28名),空气质量达到及好于二级的天数(第29名),城市人均公园绿地面积(第30名),城市居民消费价格指数(以上一年为100)(第31名)等5个指标。这说明武汉的交通规范、城市绿化环境、空气质量和居民消费水平等关乎居民休闲生活幸福感的指标水平较低,在未来需加强此方面的建设。

三、杭州

杭州地处长三角区域,是环杭州湾大湾区核心城市、沪嘉杭G60科创走廊中心城市,也是国际重要的电子商务中心,人文古迹众多,素有"人间天堂"之称。从数据分析上看,杭州各个指标水平值区间在0~2.5,均值为0.7640,高于均值水平的指标有18个,占指标总数的41.86%。具体是剧场、影剧院个数,限额以上批发、零售、住宿和餐饮业企业个数,博物馆数量,住宿和餐饮业零售总额,民用航空旅客客运量,旅行社数量,地区生产总值,城市绿地面积,社会消费品零售总额,城市居民人均医疗保健消费支出,公园个数,城市居民人均交通通信消费支出,星级饭店数量,轨道交通客运量,国内旅游人数,人均地区生产总值,国家重点文物保护单位数量,批发、零售、住宿和餐饮业从业人数。从中可以看出,杭州在城市休闲化进程中,文化设施规模、批发零售业和住宿餐饮业规模、交通客运规模、旅游接待规模等方面发展较强,这源于杭州拥有深厚的文化底蕴和优越的自然风光,对外吸引力较大。

低于均值水平的有25个,占指标总数的58.14%。具体有国家4A级及以上景区数量,城市居民人均教育文化娱乐服务消费支出,公共汽车、电车客运量,城市居民家庭人均消费性支出,城市居民人均可支配收入,每百户城镇常住居民家庭年末彩色电视机拥有量,公共图书馆数量,国家荣誉称号数,城市居民人均家庭设备用品及服务消费支出,文化馆数量,公路运输完成客运量,每百户城镇常住居民家庭年末家用电脑拥有量,铁路运输客运量,空气质量达到及好于二级的天数,城市人均公园绿地面积,入境旅游人数,城市化率,城镇居民家庭恩格尔系数,市区人均居住面积,第三产业就业人数占全部就业人数比重,第三产业占地区生产总值比重,城市（建成区）绿化覆盖率,交通事故发生数,国控主要城市区域环境噪声,城市居民消费价格指数（以上一年为100）。从中可以看出,杭州在城市休闲化进程中,人均消费支出,城市生态环境,第三产业发展等方面竞争力较弱,表明杭州的城市休闲化建设质量与其拥有的资源优势之间还存在一定的差距,在创造城市高质量生活目标上还需要继续努力。

从横向指标来看,杭州各个指标主要集中在中上水平。其中,在 36 个城市中排名处于前十位的指标有地区生产总值,人均地区生产总值,第三产业占地区生产总值比重,社会消费品零售总额,住宿和餐饮业零售总额,批发、零售、住宿和餐饮业从业人数,限额以上批发、零售、住宿和餐饮业企业个数,轨道交通客运量,公路运输完成客运量,铁路运输客运量,民用航空旅客客运量,文化馆数量,博物馆数量,剧场、影剧院个数,每百户城镇常住居民家庭年末家用电脑拥有量,旅行社数量,星级饭店数量,国家 4A 级及以上景区数量,公园个数,国内旅游人数,城市绿地面积,每百户城镇常住居民家庭年末彩色电视机拥有量,城镇居民家庭恩格尔系数,城市居民人均可支配收入,城市居民家庭人均消费性支出,城市居民人均家庭设备用品及服务消费支出,城市居民人均医疗保健消费支出,城市居民人均交通通信消费支出,城市居民人均教育文化娱乐服务消费支出,其中每百户城镇常住居民家庭年末彩色电视机拥有量,城市居民人均

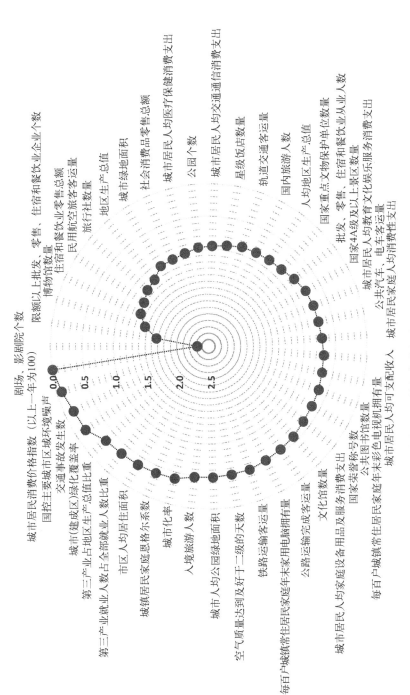

图 4-9 杭州各指标水平排列图

交通通信消费支出位列第一。处于中等水平的指标有 9 个,包括城市化率,公共汽车、电车客运量,公共图书馆数量,国家重点文物保护单位数量,入境旅游人数,市区人均居住面积,城市(建成区)绿化覆盖率,城市人均公园绿地面积,空气质量达到及好于二级的天数。国家荣誉称号数(第 26 名),交通事故发生数(第 27 名),第三产业就业人数占全部就业人数比重,城市居民消费价格指数(以上一年为 100)(第 29 名),国控主要城市区域环境噪声(第 31 名)等 5 个指标是 36 个城市中排名后十位。从中可以看出,杭州的整体指标水平较高,尽管每百户城镇常住居民家庭年末彩色电视机拥有量低于均值水平,但是在 36 个城市中却位列第一,说明杭州家庭居民的休闲设备相对完善。

四、郑州

郑州是华夏文明的重要发祥地,也是全国重要的铁路、航空、电力、邮政电信主枢纽城市,2021 年在城市商业魅力排行榜中,被评为新一线城市。从数据结果上看,郑州各个指标水平值区间在 0~2,均值为 0.505 9,高于均值水平的指标有 18 个,占指标总数的 41.86%。具体是国家重点文物保护单位数量,国家荣誉称号数,限额以上批发、零售、住宿和餐饮业企业个数,社会消费品零售总额,地区生产总值,博物馆数量,公共汽车、电车客运量,公共图书馆数量,公园个数,人均地区生产总值,城市居民人均医疗保健消费支出,轨道交通客运量,国内旅游人数,星级饭店数量,文化馆数量,国家 4A 级及以上景区数量,城市人均公园绿地面积,城市绿地面积。从中可以看出,郑州的文化设施规模、批发零售和住宿餐饮业规模、交通客运规模等发展良好,这与郑州本身丰富的文化资源和通达的交通网络密不可分。

低于均值水平的指标有 25 个,占指标总数的 58.14%。具体有城市居民人均教育文化娱乐服务消费支出,城市居民人均家庭设备用品及服务消费支出,城市居民家庭人均消费性支出,公路运输完成客运量,城市居民人均可支配收入,旅行社数量,城镇居民家庭恩格尔系数,每百户城镇常住居民家庭年末家用电脑拥有量,铁路运输客运量,每百户城镇常住居民家庭年末彩色电视机拥有量,批发、零售、住宿和餐饮业从业人数,城市居民人均交通通信消费支出,城市化率,第三产业就业人数占全部就业人数比重,市区人均居住面积,住宿和餐饮业零售总额,空气质量达到及好于二级的天数,第三产业占地区生产总值比重,入境旅游人数,民用航空旅客客运量,城市(建成区)绿化覆盖率,交通事故发生数,剧场、影剧院个数,国控主要城市区域环境噪声,城市居民消费价格指数(以上一年为100)。从中可以看出,郑州在城市休闲化进程中,人均消费支出、旅游接待设施、城市绿化环境和第三产业发展等指标水平还相对较弱,这说明郑州在旅游接待服务、城市生态文明等方面需要进一步加强,提高城市的吸引力。

从横向指标来看,郑州指标排名主要集中在中等水平。其中,在 36 个城市中排名处于前十位的有社会消费品零售总额,铁路运输客运量,公共图书馆数量,国家重点文物保护单位数量,公园个数,城镇居民家庭恩格尔系数等指标。处于中等水平的有地区生产总值,人均地区生产总值,城市化率,住宿和餐饮业零售总额,批发、零售、住宿和餐饮业从业人数,限额以上批发、零售、住宿和餐饮业企业个数,公共汽车、电车客运量,轨道交通客运量,公路运输完成客运量,交通事故发生数,文化馆数量,博物馆数量,剧场、影剧院个数,每百户城镇常住居民家庭年末家用电脑拥有量,旅行社数量,星级饭店数量,国家 4A 级及以上景区数量,国内旅游人数,入境旅游人数,市区人均居住面积,城市(建成区)绿化覆盖率,城市绿地面积,城市人均公园绿地面积,每百户城镇常住居民家庭年末彩色

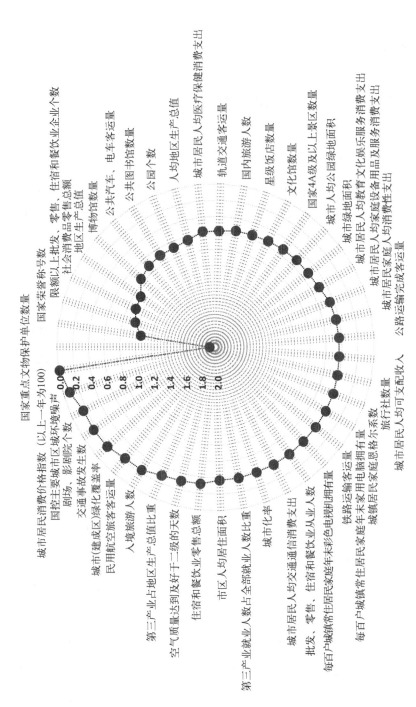

图4-10 郑州各省指标水平排列图

电视机拥有量,国家荣誉称号数,城市居民人均可支配收入,城市居民人均家庭设备用品及服务消费支出,城市居民人均医疗保健消费支出等指标。在36个城市中排名处于后十位的有第三产业占地区生产总值比重(第26名),第三产业就业人数占全部就业人数比重,城市居民家庭人均消费性支出,城市居民人均教育文化娱乐服务消费支出(第27名),国控主要城市区域环境噪声(第29名),城市居民消费价格指数(以上一年为100),城市居民人均交通通信消费支出(第30名),民用航空旅客客运量(第33名),空气质量达到及好于二级的天数(第35名)等指标。从中可以看出,郑州的文化设施规模发展优势显著,但是第三产业发展、居民消费水平和城市空气质量等方面都处于下游水平,未来需要随着郑州城市地位的提升,加强郑州自身吸引力建设。

五、南京

南京是长江国际航运物流中心,长三角辐射带动中西部地区发展的国家重要门户城市,有"六朝古都""十朝都会"之称。从数据分析上看,南京各个指标水平值区间在0~2.5,均值为0.704 1,高于均值水平的指标有14个,占指标总数的32.56%。具体是城市绿地面积,轨道交通客运量,剧场、影剧院个数,国家重点文物保护单位数量,博物馆数量,社会消费品零售总额,地区生产总值,城市居民人均教育文化娱乐服务消费支出,限额以上批发、零售、住宿和餐饮业企业个数,旅行社数量,民用航空旅客客运量,人均地区生产总值,国家荣誉称号数,住宿和餐饮业零售总额。其中指标水平值最高的是城市绿地面积(2.069 0),其次是轨道交通客运量(1.621 6)。从中可以看出,南京在城市休闲化进程中,交通客运规模、文化娱乐规模、住宿餐饮业规模等方面优势明显,表明南京居民在休闲娱乐上意愿较高。

低于均值水平的指标有 29 个,占指标总数的 67.44%。具体有公共汽车、电车客运量,批发、零售、住宿和餐饮业从业人数,城市居民人均可支配收入,国家 4A 级及以上景区数量,每百户城镇常住居民家庭年末家用电脑拥有量,国内旅游人数,公共图书馆数量,城市居民人均交通通信消费支出,公园个数,城市居民家庭人均消费性支出,每百户城镇常住居民家庭年末彩色电视机拥有量,城市人均公园绿地面积,城市居民人均家庭设备用品及服务消费支出,文化馆数量,城市居民人均医疗保健消费支出,公路运输完成客运量,星级饭店数量,空气质量达到及好于二级的天数,第三产业就业人数占全部就业人数比重,城市化率,市区人均居住面积,交通事故发生数,城镇居民家庭恩格尔系数,入境旅游人数,铁路运输客运量,第三产业占地区生产总值比重,城市(建成区)绿化覆盖率,国控主要城市区域环境噪声,城市居民消费价格指数(以上一年为 100)。从中可以看出,南京在交通客运规模、旅游接待设施和规模、城市绿化环境、空气质量等方面发展还有待提升。

从横向指标来看,南京各项指标在 36 个城市中排名主要在中上水平。其中,排名前十位的指标有地区生产总值,人均地区生产总值,城市化率,社会消费品零售总额,住宿和餐饮业零售总额,批发、零售、住宿和餐饮业从业人数,限额以上批发、零售、住宿和餐饮业企业个数,轨道交通客运量,博物馆数量,剧场、影剧院个数,国家重点文物保护单位数量,每百户城镇常住居民家庭年末家用电脑拥有量,旅行社数量,市区人均居住面积,城市(建成区)绿化覆盖率,城市绿地面积,城市人均公园绿地面积,每百户城镇常住居民家庭年末彩色电视机拥有量,国控主要城市区域环境噪声,城市居民人均可支配收入,城市居民家庭人均消费性支出,城市居民人均教育文化娱乐服务消费支出。

处于中等水平的有第三产业占地区生产总值比重,第三产业就业人

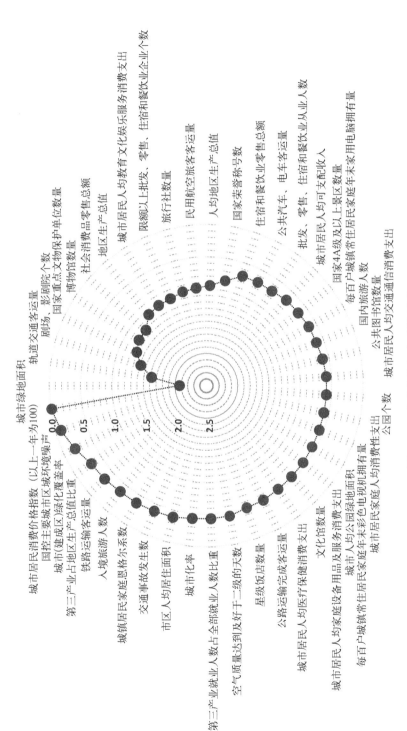

图4-11 南京各指标水平排列图

数占全部就业人数比重,公共汽车、电车客运量,公路运输完成客运量,铁路运输客运量,民用航空旅客客运量,交通事故发生数,文化馆数量,公共图书馆数量,星级饭店数量,国家 4A 级及以上景区数量,公园个数,国内旅游人数,入境旅游人数,国家荣誉称号数,城镇居民家庭恩格尔系数,城市居民人均家庭设备用品及服务消费支出,城市居民人均医疗保健消费支出,城市居民人均交通通信消费支出。而在 36 个城市中排名后十位的指标的有空气质量达到及好于二级的天数,城市居民消费价格指数(以上一年为 100)(第 28 名)2 个指标。从中可以看出,南京 43 个指标在全国范围内表现良好,仅有城市空气质量和居民消费价格指数排名靠后,应进一步完善,说明南京休闲化发展整体水平较高。

六、西安

西安是世界历史名城、中华文明和中华民族重要发祥地,是国家重要的科研、教育、工业基地,也是丝绸之路起点城市、“一带一路”核心区,拥有丰富的历史文化、教育资源,被评为中国最佳旅游目的地。从数据分析上看,西安 43 个指标水平值区间在 0～2.5,均值为 0.614 5,高于均值水平的指标有 17 个,占指标总数的 39.53%。具体是博物馆数量,民用航空旅客客运量,轨道交通客运量,国内旅游人数,国家重点文物保护单位数量,公共汽车、电车客运量,公路运输完成客运量,社会消费品零售总额,国家荣誉称号数,入境旅游人数,旅行社数量,城市绿地面积,地区生产总值,住宿和餐饮业零售总额,限额以上批发、零售、住宿和餐饮业企业个数,国家 4A 级及以上景区数量,星级饭店数量。从中可以看出,西安在城市休闲化进程中,表现较好的指标主要集中于文化设施规模、交通客运规模、旅游接待和设施规模,这充分体现了西安丰富的文化底蕴浓厚,对外吸引力较强。

低于均值水平的指标有 26 个,占指标总数的 60.47％。具体有城市居民人均医疗保健消费支出,文化馆数量,人均地区生产总值,公共图书馆数量,批发、零售、住宿和餐饮业从业人数,城市居民人均教育文化娱乐服务消费支出,城市居民人均家庭设备用品及服务消费支出,城市居民人均可支配收入,公园个数,第三产业就业人数占全部就业人数比重,空气质量达到及好于二级的天数,城市化率,城市居民家庭人均消费性支出,每百户城镇常住居民家庭年末彩色电视机拥有量,城市居民人均交通通信消费支出,铁路运输客运量,城市人均公园绿地面积,城镇居民家庭恩格尔系数,每百户城镇常住居民家庭年末家用电脑拥有量,市区人均居住面积,第三产业占地区生产总值比重,城市(建成区)绿化覆盖率,交通事故发生数,国控主要城市区域环境噪声,剧场、影剧院个数,城市居民消费价格指数(以上一年为 100)。从中可以看出,西安在城市休闲化进程中发展较弱的指标主要集中在人均休闲消费支出、餐饮住宿业规模、第三产业发展、城市环境等,这说明西安的休闲支出与投入方面均有所欠缺,需加强城市的生态文明建设和休闲服务设施建设。

从横向指标来看,西安的指标排名在 36 个城市中主要集中于中等水平。其中,排名处于前十位的有公共汽车、电车客运量,轨道交通客运量,公路运输完成客运量,民用航空旅客客运量,博物馆数量,国家重点文物保护单位数量,国内旅游人数,入境旅游人数等指标。处于中等水平的有地区生产总值,人均地区生产总值,城市化率,第三产业占地区生产总值比重,第三产业就业人数占全部就业人数比重,社会消费品零售总额,住宿和餐饮业零售总额,批发、零售、住宿和餐饮业从业人数,限额以上批发、零售、住宿和餐饮业企业个数,铁路运输客运量,文化馆数量,公共图书馆数量,旅行社数量,星级饭店数量,国家 4A 级及以上景区数量,公园个数,市区人均居住面积,城市绿地面积,每百户

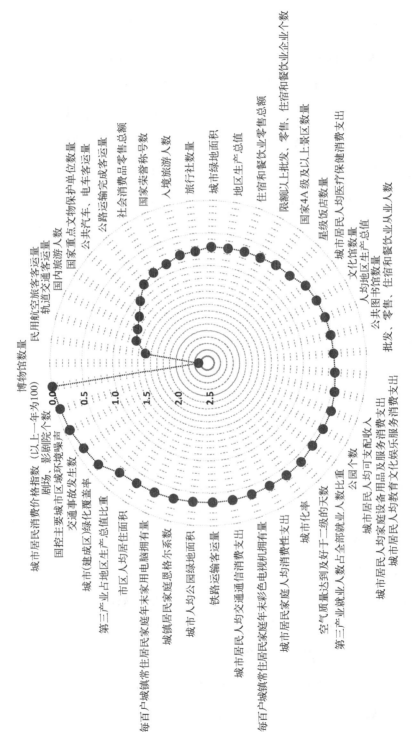

图 4-12 西安各指标水平排列图

城镇常住居民家庭年末彩色电视机拥有量,国家荣誉称号数,城镇居民家庭恩格尔系数,城市居民人均可支配收入,城市居民消费价格指数(以上一年为100),城市居民人均家庭设备用品及服务消费支出,城市居民人均医疗保健消费支出等25个指标。而在36个城市中排名后十位的指标的有城市居民人均教育文化娱乐服务消费支出(第26名),国控主要城市区域环境噪声(第27名),交通事故发生数(第29名),城市人均公园绿地面积,空气质量达到及好于二级的天数(第31名),剧场、影剧院个数,每百户城镇常住居民家庭年末家用电脑拥有量,城市(建成区)绿化覆盖率,城市居民家庭人均消费性支出,城市居民人均交通通信消费支出(第32名)等指标。从中可以看出,西安的交通客运规模、文化设施规模、旅游接待规模等指标无论在自身发展还是横向指标排名中,均位于前列,但是在生态环境建设、人均休闲消费支出上需要提升竞争力,提高居民幸福指数。

七、济南

济南地处中国华东地区,是环渤海经济区和京沪经济轴上的重要交汇点,华东地区重要的交通枢纽之一。境内泉水众多,拥有"山、泉、湖、河、城"独特风貌,是国家历史文化名城、首批中国优秀旅游城市。从数据结果上看,济南各个指标水平值区间在0~1.5,均值为0.4838,高于均值水平的指标有21个,占指标总数的48.84%。具体有旅行社数量,铁路运输客运量,社会消费品零售总额,国家荣誉称号数,限额以上批发、零售、住宿和餐饮业企业个数,剧场、影剧院个数,地区生产总值,国家重点文物保护单位数量,城市居民人均家庭设备用品及服务消费支出,公共汽车、电车客运量,星级饭店数量,人均地区生产总值,城市绿地面积,公共图书馆数量,城市居民人均交通通信消费支出,城市居民人均教育文化娱乐服务消费支出,城市居民人均医疗保健消费支出,城市居民家庭人均消费性支出,城市居民人均可支配收入,文化馆数量,每百户城镇常住居民家庭年末家用电脑拥有量。从中可以看出,济南在城市休闲化进程中,旅游设施规模、交通客运规模、人均休闲消费支出、文化设施规模等竞争力较强,这说明济南注重城市的文化建设与休闲娱乐产品的供给,能够满足人们的休闲文化娱乐需求。

低于均值水平的指标有 22 个,占指标总数的 51.16%。具体有住宿和餐饮业零售总额,城市人均公园绿地面积,国家 4A 级及以上景区数量,国内旅游人数,城镇居民家庭恩格尔系数,第三产业就业人数占全部就业人数比重,市区人均居住面积,城市化率,每百户城镇常住居民家庭年末彩色电视机拥有量,公园个数,批发、零售、住宿和餐饮业从业人数,空气质量达到及好于二级的天数,第三产业占地区生产总值比重,民用航空旅客客运量,博物馆数量,公路运输完成客运量,入境旅游人数,城市(建成区)绿化覆盖率,交通事故发生数,国控主要城市区域环境噪声,城市居民消费价格指数(以上一年为 100),轨道交通客运量。从中可以看出,济南在城市休闲化进程中发展较弱的指标有住宿餐饮业规模、城市生态环境、第三产业发展、旅游接待规模等,反映出济南旅游业发展的基础环境还有待提升。

从横向指标来看,济南的各项指标在 36 个城市中排名主要集中于中下水平。其中,排名处于前十位的有铁路运输客运量,旅行社数量,市区人均居住面积,城镇居民家庭恩格尔系数,城市居民人均家庭设备用品及服务消费支出等 5 个指标。处于中等水平的有地区生产总值,人均地区生产总值,第三产业占地区生产总值比重,第三产业就业人数占全部就业人数比重,社会消费品零售总额,住宿和餐饮业零售总额,批发、零售、住宿和餐饮业从业人数,限额以上批发、零售、住宿和餐饮

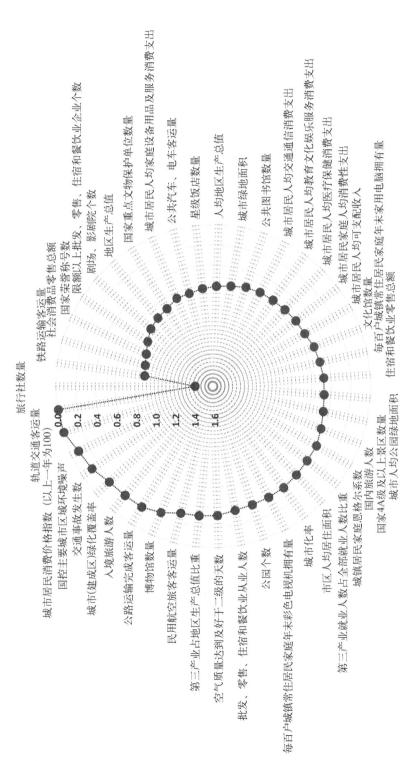

图 4 - 13　济南各指标水平排列图

业企业个数,公共汽车、电车客运量,文化馆数量,博物馆数量,公共图书馆数量,剧场、影剧院个数,国家重点文物保护单位数量,每百户城镇常住居民家庭年末家用电脑拥有量,星级饭店数量,国家 4A 级及以上景区数量,公园个数,国内旅游人数,入境旅游人数,城市(建成区)绿化覆盖率,城市绿地面积,城市人均公园绿地面积,每百户城镇常住居民家庭年末彩色电视机拥有量,国控主要城市区域环境噪声,国家荣誉称号数,城市居民人均可支配收入,城市居民家庭人均消费性支出,城市居民人均医疗保健消费支出,城市居民人均交通通信消费支出,城市居民人均教育文化娱乐服务消费支出等 31 个指标。在 36 个城市中排名处于后十位的有城市化率,公路运输完成客运量(第 27 名),民用航空旅客客运量(第 29 名),轨道交通客运量(第 30 名),交通事故发生数,城市居民消费价格指数(以上一年为 100)(第 32 名),空气质量达到及好于二级的天数(第 34 名)等指标。从中可以看出,济南在休闲发展过程中城市化水平较低,交通客运规模在 36 个城市中排名靠后,在未来发展中应提高城市的基础设施水平。

八、沈阳

沈阳是中国最重要的以装备制造业为主的重工业基地,也是国家历史文化名城,历史悠久,文化底蕴深厚。从数据结果上看,沈阳各个指标水平值区间在 0~1,均值为 0.476 9,高于均值水平的指标有 21 个,占指标总数的 48.84%。具体是剧场、影剧院个数,公共汽车、电车客运量,公共图书馆数量,公路运输完成客运量,社会消费品零售总额,城市居民人均交通通信消费支出,城市居民人均教育文化娱乐服务消费支出,城市居民人均家庭设备用品及服务消费支出,国家荣誉称号数,文化馆数量,星级饭店数量,城市居民人均医疗保健消费支出,城市居民家庭人均消费性支出,每百户城镇常住居民家庭年末家用电脑拥有量,城市绿地面积,轨道交通客运量,旅行社数量,空气质量达到及好于二级的天数,地区生产总值,限额以上批发、零售、住宿和餐饮业企业个数,城市居民人均可支配收入。从中可以看出,沈阳在城市休闲化进程中,休闲设施规模、交通客运规模、人均消费支出、生态环境等指标发展良好,反映出沈阳重视休闲设施建设和生态环境建设,充分体现了长沙本地居民休闲娱乐需求的旺盛。

低于均值水平的指标有 22 个,占指标总数的 51.16%。具体有城市人均公园绿地面积,人均地区生产总值,第三产业就业人数占全部就业人数比重,国家 4A 级及以上景区数量,城市化率,住宿和餐饮业零售总额,交通事故发生数,国内旅游人数,国家重点文物保护单位数量,入境旅游人数,每百户城镇常住居民家庭年末彩色电视机拥有量,公园个数,城镇居民家庭恩格尔系数,市区人均居住面积,第三产业占地区生产总值比重,批发、零售、住宿和餐饮业从业人数,铁路运输客运量,博物馆数量,民用航空旅客客运量,城市(建成区)绿化覆盖率,国控主要城市区域环境噪声,城市居民消费价格指数(以上一年为 100)。从中可以看出,在长沙城市休闲化进程中,第三产业发展、住宿餐饮业规模、旅游接待规模等发展指标较弱,这说明尽管长沙居民休闲娱乐需求旺盛,但是在产业供给上还相对单一,城市对外吸引力需要进一步加强。

从横向指标来看,沈阳的指标排名在 36 个城市中主要集中于中等水平。其中,排名处于前十位的有城市化率,公共汽车、电车客运量,公路运输完成客运量,文化馆数量,公共图书馆数量,剧场、影剧院个数,每百户城镇常住居民家庭年末家用电脑拥有量,城市居民消费价格指数(以上一年为 100),城市居民人均家庭设备用品及服务消费支出,城市居民人均交通通信消费支出等指标。处于中等水平的有地区生产总值,第三产业

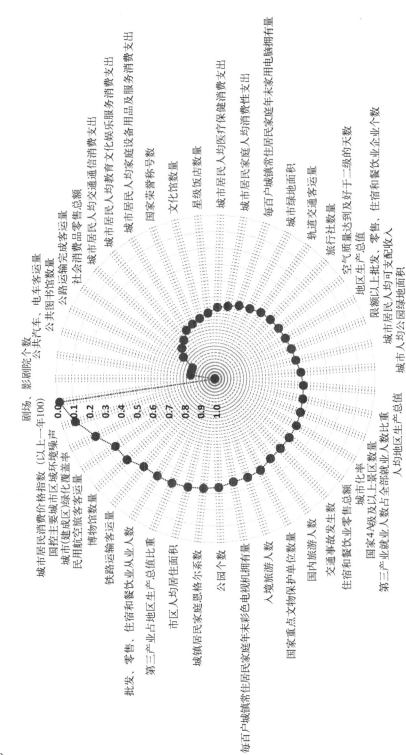

图4-14 沈阳各指标水平排列图

占地区生产总值比重,第三产业就业人数占全部就业人数比重,社会消费品零售总额,住宿和餐饮业零售总额,批发、零售、住宿和餐饮业从业人数,限额以上批发、零售、住宿和餐饮业企业个数,轨道交通客运量,铁路运输客运量,交通事故发生数,博物馆数量,国家重点文物保护单位数量,旅行社数量,星级饭店数量,国家4A级及以上景区数量,公园个数,入境旅游人数,城市绿地面积,城市人均公园绿地面积,空气质量达到及好于二级的天数,国家荣誉称号数,城镇居民家庭恩格尔系数,城市居民人均可支配收入,城市居民家庭人均消费性支出,城市居民人均医疗保健消费支出,城市居民人均教育文化娱乐服务消费支出等26个指标。在36个城市中排名处于后十位的有国内旅游人数(第27名),市区人均居住面积,每百户城镇常住居民家庭年末彩色电视机拥有量,国控主要城市区域环境噪声(第28名),人均地区生产总值(第29名),民用航空旅客客运量(第32名),城市(建成区)绿化覆盖率(第33名)等7个指标。从中可以看出,尽管城市化率低于均值水平,但是在36个城市中仍然处于上游水平,说明沈阳的城市化水平相对较高,在城市休闲化发展中,要注重经济、交通、生态环境等方面的建设。

九、青岛

青岛是中国五大计划单列市之一,也被评为中国最具幸福感城市,该市最大的优势是海洋资源,同时拥有中国第一家以啤酒为主题的博物馆。从数据分析上看,青岛各个指标水平值区间在0～2,均值为0.573 0,高于均值水平的指标有18个,占指标总数的41.86%。具体有博物馆数量,国家荣誉称号数,剧场、影剧院个数,城市绿地面积,地区生产总值,社会消费品零售总额,公共汽车、电车客运量,民用航空旅客客运量,旅行社数量,限额以上批发、零售、住宿和餐饮业企业个数,入境旅游人数,星级饭店数量,公园个数,人均地区生产总值,国家 4A 级及以上景区数量,城市居民人均交通通信消费支出,城市居民人均家庭设备用品及服务消费支出,城市人均公园绿地面积。从中可以看出,青岛在城市休闲化进程中,文化设施规模、交通客运规模、入境旅游人数等指标发展良好,这与青岛自身丰厚的自然资源与文化资源相关。

低于均值水平的指标有 25 个,占指标总数的 58.14%。具体有城市居民家庭人均消费性支出,城市居民人均可支配收入,城市居民人均教育文化娱乐服务消费支出,每百户城镇常住居民家庭年末家用电脑拥有量,空气质量达到及好于二级的天数,公共图书馆数量,城市居民人均医疗保健消费支出,国内旅游人数,文化馆数量,住宿和餐饮业零售总额,国家重点文物保护单位数量,批发、零售、住宿和餐饮业从业人数,每百户城镇常住居民家庭年末彩色电视机拥有量,城市化率,第三产业就业人数占全部就业人数比重,城镇居民家庭恩格尔系数,市区人均居住面积,第三产业占地区生产总值比重,公路运输完成客运量,轨道交通客运量,铁路运输客运量,交通事故发生数,城市(建成区)绿化覆盖率,国控主要城市区域环境噪声,城市居民消费价格指数(以上一年为 100)。从中可以看出,青岛在城市休闲化进程中发展较弱的指标有人均消费支出、城市绿化环境、第三产业发展、国内旅游人数等,说明青岛对内的休闲旅游吸引力尚显不足,需要加强多元化休闲业态发展。

从横向指标来看,青岛的各项指标在 36 个城市中主要处于中上水平。其中,排名处于前十位的指标有 10 个,具体是博物馆数量,剧场、影剧院个数,每百户城镇常住居民家庭年末家用电脑拥有量,公园个数,入境旅游人数,城市人均公园绿地面积,国家荣誉称号数,城市居民人均可支配收入,城市居民人均家庭设备用品及服务消费支出,城市居民人均交通通信消费支出。处于中等水平的指标有 28 个,具体是地区生产总值,

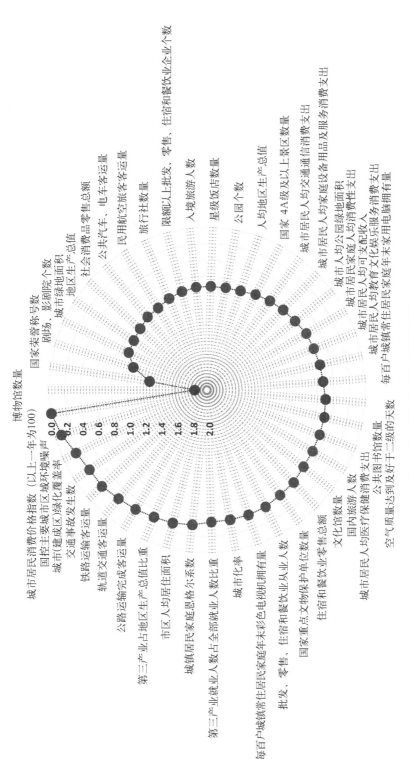

图4-15　青岛各指标水平排列图

人均地区生产总值，城市化率，第三产业占地区生产总值比重，社会消费品零售总额，住宿和餐饮业零售总额，批发、零售、住宿和餐饮业从业人数，限额以上批发、零售、住宿和餐饮业企业个数，公共汽车、电车客运量，轨道交通客运量，公路运输完成客运量，铁路运输客运量，民用航空旅客客运量，交通事故发生数，文化馆数量，公共图书馆数量，国家重点文物保护单位数量，旅行社数量，星级饭店数量，国家 4A 级及以上景区数量，国内旅游人数，城市（建成区）绿化覆盖率，城市绿地面积，每百户城镇常住居民家庭年末彩色电视机拥有量，空气质量达到及好于二级的天数，城镇居民家庭恩格尔系数，城市居民家庭人均消费性支出，城市居民人均教育文化娱乐服务消费支出。在 36 个城市中排名处于后十位的指标有 5 个，具体是第三产业就业人数占全部就业人数比重，城市居民人均医疗保健消费支出（第 26 名），市区人均居住面积（第 31 名），国控主要城市区域环境噪声，城市居民消费价格指数（以上一年为 100）（第 33 名）。从中可以看出，青岛城市整体休闲水平较高，但是在第三产业发展、居民消费支出及居住环境设施等关乎居民休闲生活质量方面仍需加强。

十、哈尔滨

哈尔滨位于东北地区，是中国东北北部政治、经济、文化中心，被誉为亚欧大陆桥的明珠，荣获"中国最具竞争力区域金融中心城市""全国文化体制改革工作先进城市"等荣誉称号。从数据分析上看，哈尔滨各个指标水平值区间在 0～3，均值为 0.485 4，高于均值水平的指标有 14 个，占指标总数的 32.56%。具体有国家重点文物保护单位数量，博物馆数量，剧场、影剧院个数，公共汽车、电车客运量，国家 4A 级及以上景区数量，文化馆数量，社会消费品零售总额，公共图书馆数量，城市居民人均医疗保健消费支出,城市居民人均教育文化娱乐服务消费支出,空气质量达到及好于二级的天数,旅行社数量,城市居民人均交通通信消费支出,第三产业就业人数占全部就业人数比重。从中可以看出,哈尔滨在城市休闲化进程中发展良好的指标有文化设施规模、交通客运规模、旅游设施规模,这说明哈尔滨在休闲发展中较注重文化建设和旅游产业。

低于均值水平的有 29 个,占指标总数的 67.44%。具体有城市居民人均家庭设备用品及服务消费支出,城市居民家庭人均消费性支出,每百户城镇常住居民家庭年末家用电脑拥有量,国家荣誉称号数,星级饭店数量,城市居民人均可支配收入,国内旅游人数,地区生产总值,每百户城镇常住居民家庭年末彩色电视机拥有量,城市人均公园绿地面积,市区人均居住面积,公园个数,城市绿地面积,城市化率,第三产业占地区生产总值比重,公路运输完成客运量,民用航空旅客客运量,人均地区生产总值,城镇居民家庭恩格尔系数,铁路运输客运量,限额以上批发、零售、住宿和餐饮业企业个数,批发、零售、住宿和餐饮业从业人数,城市(建成区)绿化覆盖率,入境旅游人数,轨道交通客运量,交通事故发生数,住宿和餐饮业零售总额,国控主要城市区域环境噪声,城市居民消费价格指数(以上一年为 100)。从中可以看出,哈尔滨在城市休闲化进程中发展较弱的指标有人均消费支出、旅游接待规模、城市生态环境等,尽管旅游设施建设竞争力明显,但是在接待规模上却低于均值水平,说明哈尔滨在休闲发展中还需注重投入与产出的平衡。

从横向指标来看,哈尔滨各项指标在 36 个城市中主要集中在中下水平。其中,排名处于前十位的有第三产业占地区生产总值比重,第三产业就业人数占全部就业人数比重,文化馆数量,博物馆数量,公共图书馆数量,国家重点文物保护单位数量,国家 4A 级及以上景区数量,每百户城镇常住居民家庭年末彩色电视机拥有量,城市居民人均医疗保健消费

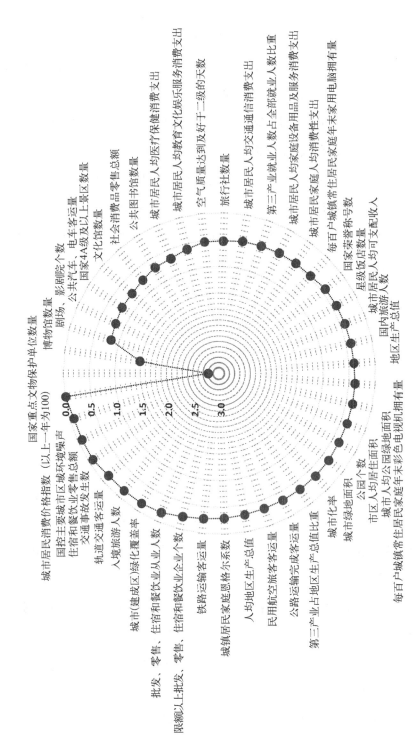

图 4 - 16　哈尔滨各指标水平排列图

支出等指标。处于中等水平的有社会消费品零售总额,公共汽车、电车客运量,轨道交通客运量,公路运输完成客运量,铁路运输客运量,剧场、影剧院个数,每百户城镇常住居民家庭年末家用电脑拥有量,旅行社数量,公园个数,国内旅游人数,入境旅游人数,市区人均居住面积,城市绿地面积,空气质量达到及好于二级的天数,城市居民人均可支配收入,城市居民消费价格指数(以上一年为100),城市居民家庭人均消费性支出,城市居民人均家庭设备用品及服务消费支出,城市居民人均交通通信消费支出,城市居民人均教育文化娱乐服务消费支出等指标。

在36个城市中排名处于后十位的有地区生产总值,星级饭店数量(第26名),民用航空旅客客运量(第28名),批发、零售、住宿和餐饮业从业人数,限额以上批发、零售、住宿和餐饮业企业个数,城市人均公园绿地面积(第29名),城市化率(第31名),住宿和餐饮业零售总额(第32名),国家荣誉称号数,城镇居民家庭恩格尔系数(第33名),人均地区生产总值,交通事故发生数(第35名),城市(建成区)绿化覆盖率,国控主要城市区域环境噪声(第36名)等指标。从中可以看出,哈尔滨的文化设施规模不论在自身发展还是横向指标中,发展竞争力都比较显著,但是批发零售业规模、城市生态环境等仍需加强,提高城市居民休闲生活质量。

第四节　Ⅰ型大城市休闲化指标分析

城区常住人口规模在300万以上500万以下的城市为Ⅰ型大城市,符合这一标准的城市有合肥、长春、昆明、长沙、南宁、大连、太原、厦门、乌鲁木齐、宁波、石家庄、南昌12个城市。从城市区域分布看,东部城市有大连、厦门、宁波3个城市,中部城市有合肥、长春、长沙、太原、石家庄、南昌 6 个城市，西部城市有昆明、南宁、乌鲁木齐 3 个城市；从城市行政区划级别看，12 个城市中除大连、厦门和宁波是计划单列市，其他皆为省会（或自治区首府）城市。

一、合肥

合肥是一座具有两千多年历史的古城，文化底蕴深厚。近年来，在长三角区域一体化发展战略推动下，发展速度较快，是国家重要的科研教育基地、现代制造业基地和综合交通枢纽。从数据结果上看，合肥各个指标水平值区间在 0～1.5，均值为 0.437 1，高于均值水平的指标有 20 个，占指标总数的 46.51％。具体有剧场、影剧院个数，限额以上批发、零售、住宿和餐饮业企业个数，社会消费品零售总额，地区生产总值，博物馆数量，人均地区生产总值，国家荣誉称号数，国家 4A 级及以上景区数量，国内旅游人数，城市居民人均交通通信消费支出，城市居民人均教育文化娱乐服务消费支出，旅行社数量，每百户城镇常住居民家庭年末家用电脑拥有量，城市人均公园绿地面积，城市居民人均可支配收入，住宿和餐饮业零售总额，空气质量达到及好于二级的天数，城市绿地面积，城市居民家庭人均消费性支出，每百户城镇常住居民家庭年末彩色电视机拥有量。从中可以看出，合肥在城市休闲化进程中表现较好的有休闲设施规模、住宿餐饮业规模、人均消费支出、生态环境质量等，这说明合肥的休闲产业供给与居民休闲消费需求相匹配。

低于均值水平的指标有 23 个，占指标总数的 53.49％。具体有公共汽车、电车客运量，公路运输完成客运量，民用航空旅客客运量，城市化率，批发、零售、住宿和餐饮业从业人数，文化馆数量，公共图书馆数量，星级饭店数量，市区人均居住面积，城市居民人均家庭设备用品及服务消费支出，城镇居民家庭恩格尔系数，城市居民人均医疗保健消费支出，第三产业占地区生产总值比重,第三产业就业人数占全部就业人数比重,铁路运输客运量,公园个数,轨道交通客运量,国家重点文物保护单位数量,交通事故发生数,城市(建成区)绿化覆盖率,入境旅游人数,国控主要城市区域环境噪声,城市居民消费价格指数(以上一年为100)。从中可以看出,合肥在城市休闲化进程中表现较弱的指标有交通客运规模、文化设施规模、第三产业发展、入境旅游接待规模等指标,说明合肥的文化供给不足、商业业态等还不够充分,对外吸引力还有待提升。

从横向指标来看,合肥各项指标在36个城市中排名主要集中在中下水平。其中,排名处于前十位的有剧场、影剧院个数,城市(建成区)绿化覆盖率,每百户城镇常住居民家庭年末彩色电视机拥有量等指标。处于中等水平的有地区生产总值,人均地区生产总值,城市化率,第三产业占地区生产总值比重,社会消费品零售总额,住宿和餐饮业零售总额,批发、零售、住宿和餐饮业从业人数,限额以上批发、零售、住宿和餐饮业企业个数,公共汽车、电车客运量,轨道交通客运量,公路运输完成客运量,铁路运输客运量,民用航空旅客客运量,交通事故发生数,博物馆数量,每百户城镇常住居民家庭年末家用电脑拥有量,旅行社数量,国家4A级及以上景区数量,国内旅游人数,入境旅游人数,市区人均居住面积,城市绿地面积,城市人均公园绿地面积,国控主要城市区域环境噪声,城镇居民家庭恩格尔系数,城市居民人均可支配收入,城市居民消费价格指数(以上一年为100),城市居民人均交通通信消费支出,城市居民人均教育文化娱乐服务消费支出等指标。

在36个城市中排名处于后十位的有国家重点文物保护单位数量,公园个数,城市居民家庭人均消费性支出(第26名),文化馆数量,空气质量达到及好于二级的天数,国家荣誉称号数(第27名),公共图书馆数量,星级饭店数量(第30名),城市居民人均医疗保健消费支出(第34名),

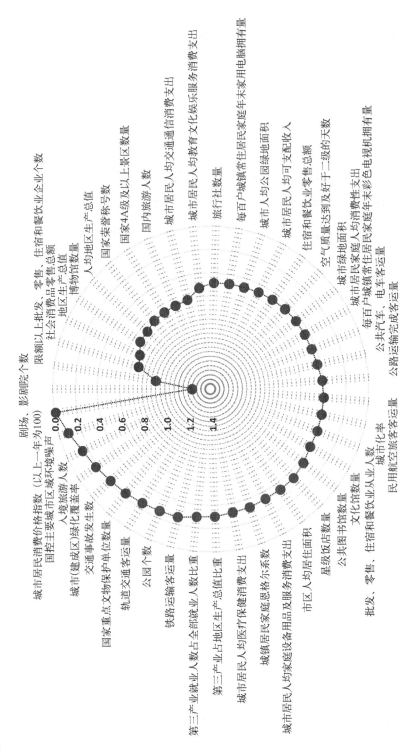

图 4-17　合肥各指标水平排列图

第三产业就业人数占全部就业人数比重,城市居民人均家庭设备用品及服务消费支出(第 35 名)等指标。从中可以看出,合肥的休闲设施完善,但文化设施的供给类型相对不足,为满足本地居民的文化需求,应加大文化设施的多元性。

二、长春

长春是中国重要的工业基地、国家历史文化名城和全国综合交通枢纽,有"东方底特律"和"东方好莱坞"之称,具有众多历史古迹、工业遗产和文化遗存。从数据结果上看,长春各个指标水平值区间在 0～1.5,均值为 0.403 9,高于均值水平的指标有 21 个,占指标总数的 48.84%。具体有国家荣誉称号数,城市绿地面积,剧场、影剧院个数,城市居民人均教育文化娱乐服务消费支出,城市居民人均医疗保健消费支出,城市居民人均交通通信消费支出,空气质量达到及好于二级的天数,公共汽车、电车客运量,社会消费品零售总额,城市居民人均家庭设备用品及服务消费支出,公共图书馆数量,公园个数,文化馆数量,地区生产总值,人均地区生产总值,每百户城镇常住居民家庭年末家用电脑拥有量,城镇居民家庭恩格尔系数,国内旅游人数,城市居民家庭人均消费性支出,博物馆数量,城市人均公园绿地面积。从中可以看出,长春在城市休闲化进程中发展良好的指标有文化设施规模、城市生态环境、人均消费支出等,这说明长春注重居民休闲环境建设,其休闲文化设施供给与消费需求之间匹配良好。

低于均值指标的有 22 个,占指标总数的 51.16%。具体有第三产业就业人数占全部就业人数比重,国家 4A 级及以上景区数量,城市居民人均可支配收入,公路运输完成客运量,每百户城镇常住居民家庭年末彩色电视机拥有量,限额以上批发、零售、住宿和餐饮业企业个数,市区人均居住面积,轨道交通客运量,国家重点文物保护单位数量,城市化率,旅行社数量,第三产业占地区生产总值比重,批发、零售、住宿和餐饮业从业人数,铁路运输客运量,民用航空旅客客运量,星级饭店数量,城市（建成区）绿化覆盖率,入境旅游人数,交通事故发生数,国控主要城市区域环境噪声,住宿和餐饮业零售总额,城市居民消费价格指数（以上一年为100）。从中可以看出,长春在城市休闲化进程中发展较弱的指标有第三产业发展、交通客运规模、住宿餐饮业规模等,这说明长春在城市休闲供给上仍需加强。

　　从横向指标来看,长春的各项指标主要集中在中下水平。其中,在36个城市中排名处于前十位的有城市绿地面积,国家荣誉称号数,城镇居民家庭恩格尔系数,城市居民人均医疗保健消费支出,城市居民人均教育文化娱乐服务消费支出等指标。处于中等水平的有地区生产总值,第三产业就业人数占全部就业人数比重,社会消费品零售总额,批发、零售、住宿和餐饮业从业人数,限额以上批发、零售、住宿和餐饮业企业个数,公共汽车、电车客运量,轨道交通客运量,公路运输完成客运量,铁路运输客运量,文化馆数量,博物馆数量,公共图书馆数量,剧场、影剧院个数,国家重点文物保护单位数量,每百户城镇常住居民家庭年末家用电脑拥有量,国家4A级及以上景区数量,公园个数,国内旅游人数,入境旅游人数,城市（建成区）绿化覆盖率,空气质量达到及好于二级的天数,国控主要城市区域环境噪声,城市居民消费价格指数（以上一年为100）,城市居民人均家庭设备用品及服务消费支出,城市居民人均交通通信消费支出等指标。在36个城市中排名处于后十位的有城市人均公园绿地面积（第26名）,人均地区生产总值（第28名）,市区人均居住面积,每百户城镇常住居民家庭年末彩色电视机拥有量,城市居民家庭人均消费性支出（第30名）,交通事故发生数,旅行社数量,城市居民人均可支配

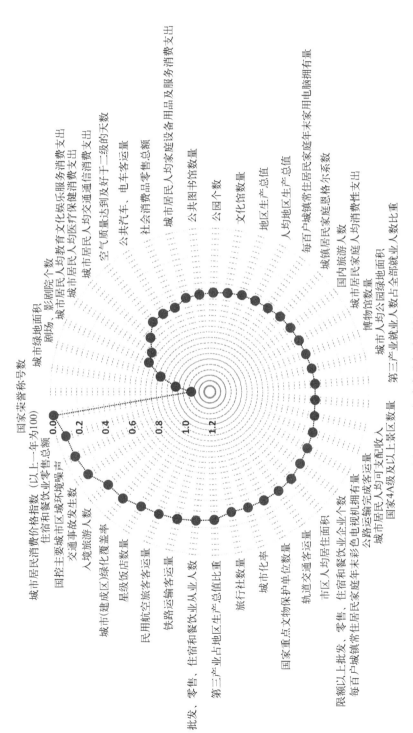

图4-18　长春各指标水平排列图

收入(第33名),第三产业占地区生产总值比重,住宿和餐饮业零售总额(第34名),城市化率,民用航空旅客客运量(第35名),星级饭店数量(第36名)等指标。从中可以看出,长春在经济基础、休闲设施供给等方面在36个城市中稍显不足,在未来发展中应加强休闲基础设施建设,提高城市自身吸引力。

三、昆明

昆明地处中国西南地区、云贵高原中部,别称"春城",在气候、生态、物种多样性、民族多样性、历史文化、门户开放等方面有着独特的优势。从数据结果上看,昆明各个指标水平值区间在0～3.5,均值为0.599 3,高于均值水平的指标有15个,占指标总数的34.88%。具体有星级饭店数量,公园个数,民用航空旅客客运量,国家荣誉称号数,剧场、影剧院个数,城市居民人均教育文化娱乐服务消费支出,城市居民人均医疗保健消费支出,国内旅游人数,城市居民人均家庭设备用品及服务消费支出,博物馆数量,入境旅游人数,国家重点文物保护单位数量,空气质量达到及好于二级的天数,文化馆数量,公共图书馆数量。从中可以看出,昆明在城市休闲化进程中表现良好的指标有文化休闲设施规模、人均消费支出、旅游接待规模、空气质量水平,这与昆明本身的环境条件与地理位置有密切联系。

低于均值水平的指标有28个,占指标总数的65.12%。具体有公共汽车、电车客运量,城市居民家庭人均消费性支出,社会消费品零售总额,人均地区生产总值,交通事故发生数,地区生产总值,城市居民人均交通通信消费支出,城市居民人均可支配收入,城市绿地面积,市区人均居住面积,第三产业就业人数占全部就业人数比重,每百户城镇常住居民家庭年末家用电脑拥有量,城市人均公园绿地面积,城市化率,城镇居民家庭恩格尔系数,每百户城镇常住居民家庭年末彩色电视机拥有量,第三产业占地区生产总值比重,批发、零售、住宿和餐饮业从业人数,国家4A级及以上景区数量,轨道交通客运量,公路运输完成客运量,限额以上批发、零售、住宿和餐饮业企业个数,住宿和餐饮业零售总额,铁路运输客运量,城市(建成区)绿化覆盖率,旅行社数量,国控主要城市区域环境噪声,城市居民消费价格指数(以上一年为100)。从中可以看出,昆明在城市休闲化进程中表现较弱的指标有交通客运规模、经济发展水平、第三产业发展等,侧面说明昆明内部的休闲娱乐产业供给不充分,商业业态不够丰富,未来发展需从旅游接待拓展到休闲娱乐,平衡好本地居民与外来游客之间的关系。

从横向指标来看,昆明的各项指标在36个城市中排名主要集中在中上水平。其中,处于前十位的有民用航空旅客客运量,文化馆数量,剧场、影剧院个数,星级饭店数量,公园个数,国内旅游人数,市区人均居住面积,空气质量达到及好于二级的天数,国控主要城市区域环境噪声,国家荣誉称号数,城镇居民家庭恩格尔系数,城市居民消费价格指数(以上一年为100),城市居民人均家庭设备用品及服务消费支出,城市居民人均医疗保健消费支出,城市居民人均教育文化娱乐服务消费支出等指标,且星级饭店数量在36个城市中最多。处于中等水平的有地区生产总值,人均地区生产总值,城市化率,第三产业占地区生产总值比重,第三产业就业人数占全部就业人数比重,社会消费品零售总额,住宿和餐饮业零售总额,批发、零售、住宿和餐饮业从业人数,公共汽车、电车客运量,轨道交通客运量,公路运输完成客运量,交通事故发生数,博物馆数量,公共图书馆数量,国家重点文物保护单位数量,每百户城镇常住居民家庭年末家用电脑拥有量,入境旅游人数,城市(建成区)绿化覆盖率,城市绿地面积,城市居民人均可支配收入,城市居民家庭

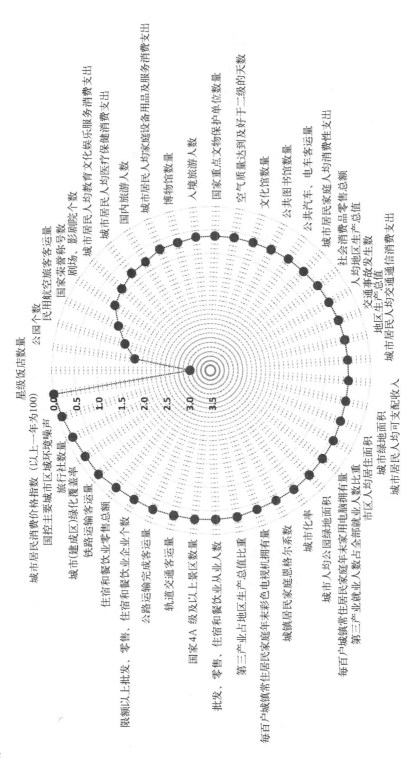

图 4 - 19　昆明各指标水平排列图

人均消费性支出,城市居民人均交通通信消费支出等指标。在 36 个城市中排名处于后十位的有铁路运输客运量,每百户城镇常住居民家庭年末彩色电视机拥有量(第 26 名),城市人均公园绿地面积(第 27 名),限额以上批发、零售、住宿和餐饮业企业个数,国家 4A 级及以上景区数量(第 28 名),旅行社数量(第 36 名)等指标。从中可以看出,昆明的航空运输发展优于铁路交通,同时昆明旅游业发展较强,但是本地居民休闲娱乐消费水平还有待提升。

四、长沙

长沙是长江经济带重要的节点城市,有"屈贾之乡""潇湘洙泗"之称,是首批国家历史文化名城,存有马王堆汉墓、铜官窑等历史遗迹。从数据结果上看,长沙各个指标水平值区间在 0～2,均值为 0.493 3,高于均值水平的指标有 19 个,占指标总数的 44.19%。具体是城市居民人均教育文化娱乐服务消费支出,社会消费品零售总额,地区生产总值,国家荣誉称号数,城市居民人均家庭设备用品及服务消费支出,人均地区生产总值,城市居民人均医疗保健消费支出,国内旅游人数,国家重点文物保护单位数量,限额以上批发、零售、住宿和餐饮业企业个数,城市居民人均交通通信消费支出,城市居民家庭人均消费性支出,城市居民人均可支配收入,旅行社数量,入境旅游人数,每百户城镇常住居民家庭年末家用电脑拥有量,国家 4A 级及以上景区数量,公共汽车、电车客运量,交通事故发生数。从中可以看出,长沙在城市休闲化进程中,人均消费支出、旅游接待规模、娱乐设施规模等竞争力较强,体现了长沙休闲娱乐业的发展比较成熟。

低于均值水平的指标有 24 个,占指标总数的 55.81%。具体有公共图书馆数量,空气质量达到及好于二级的天数,轨道交通客运量,住宿和餐饮业零售总额,第三产业就业人数占全部就业人数比重,城市人均公园绿地面积，民用航空旅客客运量，城市化率，每百户城镇常住居民家庭年末彩色电视机拥有量，市区人均居住面积，文化馆数量，博物馆数量，城镇居民家庭恩格尔系数，批发、零售、住宿和餐饮业从业人数，铁路运输客运量，星级饭店数量，公路运输完成客运量，城市绿地面积，第三产业占地区生产总值比重，城市（建成区）绿化覆盖率，公园个数，剧场、影剧院个数，国控主要城市区域环境噪声，城市居民消费价格指数（以上一年为100）。从中可以看出，长沙在城市休闲化进程中，发展竞争力较弱的指标主要是文化设施规模、空气与环境绿化、交通客运规模等，这表明长沙的休闲产业供给能力和对外吸引力还有待加强。

从横向指标来看，长沙在36个城市中指标排名主要集中于中等水平。其中，排名处于前十位的指标有人均地区生产总值，每百户城镇常住居民家庭年末家用电脑拥有量，市区人均居住面积，城市居民人均可支配收入，城市居民家庭人均消费性支出，城市居民人均家庭设备用品及服务消费支出，城市居民人均医疗保健消费支出，城市居民人均交通通信消费支出，城市居民人均教育文化娱乐服务消费支出等，其中城市居民人均家庭设备用品及服务消费支出，城市居民人均教育文化娱乐服务消费支出位列第一。处于中等水平的指标有地区生产总值，城市化率，第三产业就业人数占全部就业人数比重，社会消费品零售总额，住宿和餐饮业零售总额，批发、零售、住宿和餐饮业从业人数，限额以上批发、零售、住宿和餐饮业企业个数，公共汽车、电车客运量，轨道交通客运量，公路运输完成客运量，铁路运输客运量，民用航空旅客客运量，交通事故发生数，博物馆数量，公共图书馆数量，国家重点文物保护单位数量，旅行社数量，国家4A级及以上景区数量，国内旅游人数，入境旅游人数，城市（建成区）绿化覆盖率，城市人均公园绿地面积，每百户城镇常住居民家庭年末彩色电视机拥有量，国控主要城市区域环境噪声，国家荣誉称号数，城镇居民家

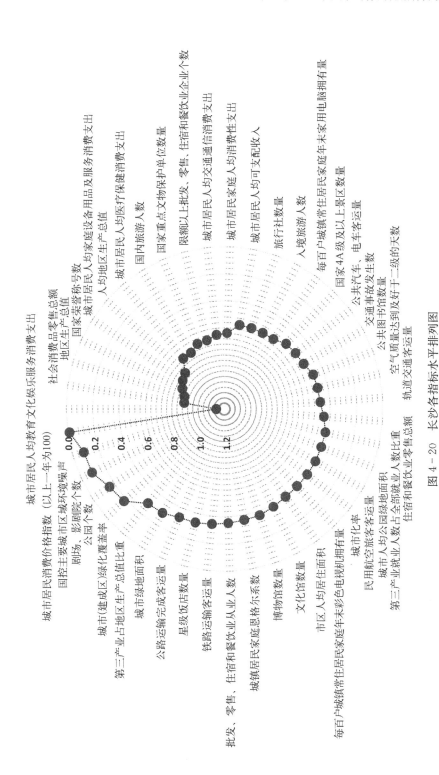

图 4 - 20 长沙各指标水平排列图

101

庭恩格尔系数,城市居民消费价格指数(以上一年为100)等。

在36个城市中排名处于后十位的有空气质量达到及好于二级的天数(第26名),第三产业占地区生产总值比重(第27名),文化馆数量,公园个数(第29名),城市绿地面积(第30名),剧场、影剧院个数,星级饭店数量(第32名)等指标。从中可以看出,长沙的人均消费类指标发展优势显著,但是空气质量、第三产业发展等处于下游水平,未来长沙在城市休闲化发展中,应加大对居民幸福感指标投入力度。

五、南宁

南宁是一座历史悠久的文化古城,同时也是一个以壮族为主的多民族现代化、国际化城市。从数据结果上看,南宁各个指标水平值区间在0~1,均值为0.348 2,高于均值水平的指标有18个,占指标总数的41.86%。具体有国家4A级及以上景区数量,国家荣誉称号数,国内旅游人数,空气质量达到及好于二级的天数,公共图书馆数量,文化馆数量,每百户城镇常住居民家庭年末家用电脑拥有量,城市居民人均医疗保健消费支出,城市人均公园绿地面积,限额以上批发、零售、住宿和餐饮业企业个数,第三产业就业人数占全部就业人数比重,市区人均居住面积,社会消费品零售总额,城市居民人均可支配收入,每百户城镇常住居民家庭年末彩色电视机拥有量,轨道交通客运量,星级饭店数量,人均地区生产值。从中可以看出,南宁在城市休闲化进程中发展较好的指标有旅游设施规模、国内旅游接待规模、空气质量、文化设施规模等,说明南宁注重旅游与环境建设,彰显了南宁城市的魅力。

低于均值水平的指标有25个,占指标总数的58.14%。具体有地区生产总值,城市居民人均教育文化娱乐服务消费支出,城市居民人均交通通信消费支出,第三产业占地区生产总值比重,城市化率,城市居民家庭人均消费性支出,城市居民人均家庭设备用品及服务消费支出,公路运输完成客运量,城市绿地面积,剧场、影剧院个数,城镇居民家庭恩格尔系数,入境旅游人数,民用航空旅客客运量,公共汽车、电车客运量,批发、零售、住宿和餐饮业从业人数,住宿和餐饮业零售总额,铁路运输客运量,旅行社数量,城市(建成区)绿化覆盖率,博物馆数量,公园个数,交通事故发生数,国家重点文物保护单位数量,国控主要城市区域环境噪声,城市居民消费价格指数(以上一年为 100)。从中可以看出,南宁在城市休闲化进程中发展较弱的指标有人均休闲消费支出、交通客运规模、休闲娱乐设施规模、住宿餐饮业规模等,这说明南宁产业结构较为单一。

从横向指标来看,南宁的指标在 36 个城市中竞争力较弱,主要集中在中下水平。其中,排名处于前十位的有国家 4A 级及以上景区数量,市区人均居住面积,空气质量达到及好于二级的天数,国控主要城市区域环境噪声等指标。处于中等水平的有第三产业占地区生产总值比重,第三产业就业人数占全部就业人数比重,住宿和餐饮业零售总额,批发、零售、住宿和餐饮业从业人数,限额以上批发、零售、住宿和餐饮业企业个数,轨道交通客运量,公路运输完成客运量,铁路运输客运量,文化馆数量,公共图书馆数量,剧场、影剧院个数,每百户城镇常住居民家庭年末家用电脑拥有量,国内旅游人数,入境旅游人数,城市人均公园绿地面积,每百户城镇常住居民家庭年末彩色电视机拥有量,国家荣誉称号数等指标。而社会消费品零售总额(第 26 名),地区生产总值,城市居民人均医疗保健消费支出(第 27 名),星级饭店数量,城市(建成区)绿化覆盖率,城市绿地面积(第 29 名),交通事故发生数,公园个数,城镇居民家庭恩格尔系数(第 30 名),民用航空旅客客运量,博物馆数量(第 31 名),人均地区生产总值,城市化率,公共汽车、电车客运量(第 33 名),国家重点文物保护单位数量,旅行社数量,城市居民人均可支配收

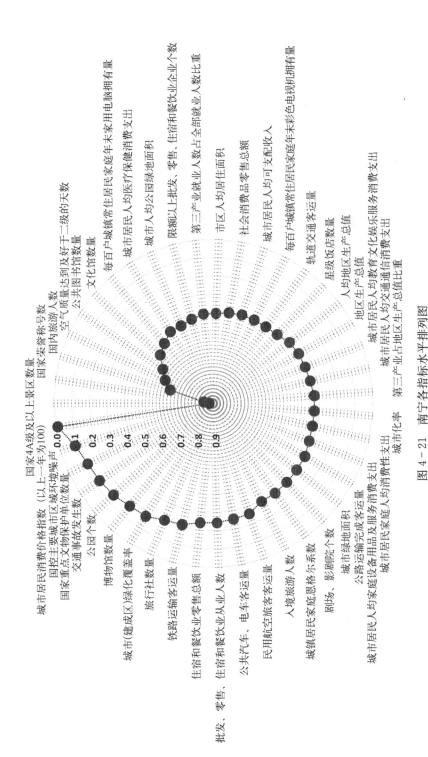

图 4-21　南宁各指标水平排列图

入,城市居民人均交通通信消费支出,城市居民人均教育文化娱乐服务消费支出(第 34 名),城市居民消费价格指数(以上一年为 100),城市居民家庭人均消费性支出,城市居民人均家庭设备用品及服务消费支出(第 36 名)等 22 个指标,在 36 个城市中排名处于后十位。从中可以看出,南宁整体休闲化发展较弱,其中人均休闲消费支出在 36 个城市中落后,这与南宁城市人口规模较小有一定的联系。

六、大连

大连是中国 5 个计划单列市之一,其狭长的海岸线造就了众多的自然美景,旅游业发展较好。从数据结果上看,大连各个指标水平值区间在 0~1,均值为 0.432 1,高于均值水平的指标有 23 个,占指标总数的 53.49%。具体有星级饭店数量,城市居民人均医疗保健消费支出,国家 4A 级及以上景区数量,公共汽车、电车客运量,交通事故发生数,社会消费品零售总额,旅行社数量,国家重点文物保护单位数量,人均地区生产总值,城市居民人均教育文化娱乐服务消费支出,公共图书馆数量,城市居民人均家庭设备用品及服务消费支出,地区生产总值,空气质量达到及好于二级的天数,城市居民家庭人均消费性支出,城市居民人均交通通信消费支出,入境旅游人数,城市居民人均可支配收入,公园个数,文化馆数量,公路运输完成客运量,城市绿地面积,国内旅游人数。从中可以看出,大连在城市休闲化进程中,旅游设施规模、人均消费支出和城市生态环境竞争力较强,这说明大连在居民休闲基础设施上表现较好。

低于均值水平的有 20 个,占指标总数的 46.51%。具体有国家荣誉称号数,限额以上批发、零售、住宿和餐饮业企业个数,第三产业就业人数占全部就业人数比重,城市化率,每百户城镇常住居民家庭年末家用电脑拥有量,每百户城镇常住居民家庭年末彩色电视机拥有量,城镇居民家庭恩格尔系数,城市人均公园绿地面积,轨道交通客运量,民用航空旅客客运量,市区人均居住面积,第三产业占地区生产总值比重,博物馆数量,批发、零售、住宿和餐饮业从业人数,住宿和餐饮业零售总额,城市(建成区)绿化覆盖率,铁路运输客运量,国控主要城市区域环境噪声,剧场、影剧院个数,城市居民消费价格指数(以上一年为100)。从中可以看出,大连在第三产业发展、住宿餐饮业规模、交通客运规模、家庭娱乐设施等方面发展较弱,这说明大连在城市休闲化进程中,城市对外吸引力还较弱,一定程度上制约了大连休闲活动和旅游产业的活力和竞争力。

从横向指标来看,大连的各项指标在 36 个城市中排名主要集中在中下水平。其中,排名处于前十位的有星级饭店数量,国家 4A 级及以上景区数量,城市(建成区)绿化覆盖率,国控主要城市区域环境噪声,城市居民消费价格指数(以上一年为 100),城市居民人均医疗保健消费支出等指标。处于中等水平的有地区生产总值,人均地区生产总值,城市化率,第三产业就业人数占全部就业人数比重,社会消费品零售总额,住宿和餐饮业零售总额,批发、零售、住宿和餐饮业从业人数,限额以上批发、零售、住宿和餐饮业企业个数,公共汽车、电车客运量,轨道交通客运量,公路运输完成客运量,交通事故发生数,文化馆数量,公共图书馆数量,国家重点文物保护单位数量,旅行社数量,公园个数,国内旅游人数,入境旅游人数,城市绿地面积,每百户城镇常住居民家庭年末彩色电视机拥有量,空气质量达到及好于二级的天数,城镇居民家庭恩格尔系数,城市居民人均可支配收入,城市居民家庭人均消费性支出,城市居民人均家庭设备用品及服务消费支出,城市居民人均交通通信消费支出,城市居民人均教育文化娱乐服务消费支出等指标。在 36 个城市中排名处于后十位的有每百户城镇常住居民家庭年末家用电脑拥有量(第 28 名),

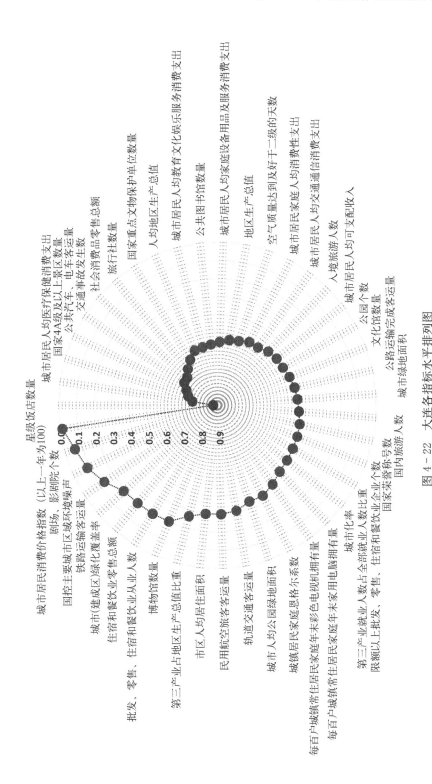

图 4-22 大连各指标水平排列图

博物馆数量(第 29 名),民用航空旅客客运量,剧场、影剧院个数(第 30 名),第三产业占地区生产总值比重,铁路运输客运量(第 31 名),国家荣誉称号数(第 32 名),市区人均居住面积,城市人均公园绿地面积(第 33 名)等指标。从中可以看出,大连的家庭娱乐设施、文化设施规模、交通客运规模、生态环境等方面在 36 个城市中排名靠后,在未来要改善居民基础休闲设施,提升城市对外吸引力。

七、太原

太原是山西省政治、经济、文化和国际交流中心,国家可持续发展议程创新示范区,以能源、重化工为主的工业基地,拥有着两千多年建城历史,文化底蕴深厚。从数据结果上看,太原各个指标水平值区间在 0～1.5,均值为 0.367 7,高于均值水平的指标有 19 个,占指标总数的44.19％。具体有公路运输完成客运量,国家重点文物保护单位数量,城市居民人均医疗保健消费支出,人均地区生产总值,公共图书馆数量,城市居民人均教育文化娱乐服务消费支出,剧场、影剧院个数,文化馆数量,民用航空旅客客运量,城镇居民家庭恩格尔系数,旅行社数量,城市化率,城市人均公园绿地面积,国家荣誉称号数,国内旅游人数,星级饭店数量,城市居民人均家庭设备用品及服务消费支出,城市居民人均可支配收入,每百户城镇常住居民家庭年末家用电脑拥有量。从中可以看出,太原在城市休闲化进程中,交通客运规模、文娱消费支出、旅游设施规模等发展较好,可能与太原本身的城市规模有很大联系。

低于均值水平的指标有 24 个,占指标总数的 55.81％,具体有第三产业就业人数占全部就业人数比重,市区人均居住面积,空气质量达到及好于二级的天数,每百户城镇常住居民家庭年末彩色电视机拥有量,城市居民家庭人均消费性支出,城市居民人均交通通信消费支出,社会消费品零售总额,博物馆数量,城市绿地面积,地区生产总值,第三产业占地区生产总值比重,限额以上批发、零售、住宿和餐饮业企业个数,国家4A级及以上景区数量,公共汽车、电车客运量,交通事故发生数,公园个数,批发、零售、住宿和餐饮业从业人数,城市(建成区)绿化覆盖率,铁路运输客运量,住宿和餐饮业零售总额,入境旅游人数,国控主要城市区域环境噪声,城市居民消费价格指数(以上一年为100),轨道交通客运量。从中可以看出,太原在城市休闲化进程中发展较弱的指标有第三产业发展、城市生态环境、住宿餐饮业规模等,这说明太原的对外吸引力还不够强,商业的业态不够丰富、休闲游憩的选择性较少。

从横向指标来看,太原的各项指标在36个城市中排名主要集中在中下水平。其中,排名处于前十位的有城市化率,公路运输完成客运量,国家重点文物保护单位数量,城市(建成区)绿化覆盖率,城镇居民家庭恩格尔系数等指标。处于中等水平的有人均地区生产总值,第三产业占地区生产总值比重,民用航空旅客客运量,交通事故发生数,文化馆数量,博物馆数量,公共图书馆数量,剧场、影剧院个数,旅行社数量,国内旅游人数,市区人均居住面积,城市人均公园绿地面积,国控主要城市区域环境噪声,城市居民消费价格指数(以上一年为100),城市居民人均医疗保健消费支出等指标。在36个城市中排名处于后十位的有住宿和餐饮业零售总额,批发、零售、住宿和餐饮业从业人数,限额以上批发、零售、住宿和餐饮业企业个数(第26名),铁路运输客运量,公园个数,城市绿地面积(第27名),第三产业就业人数占全部就业人数比重,社会消费品零售总额,星级饭店数量(第28名),地区生产总值,国家4A级及以上景区数量,入境旅游人数,城市居民人均教育文化娱乐服务消费支出(第29名),国家荣誉称号数(第30名),公共汽车、电车客运量,每百户城镇常住居民家庭年末家用电脑拥有量,城市居民人均家

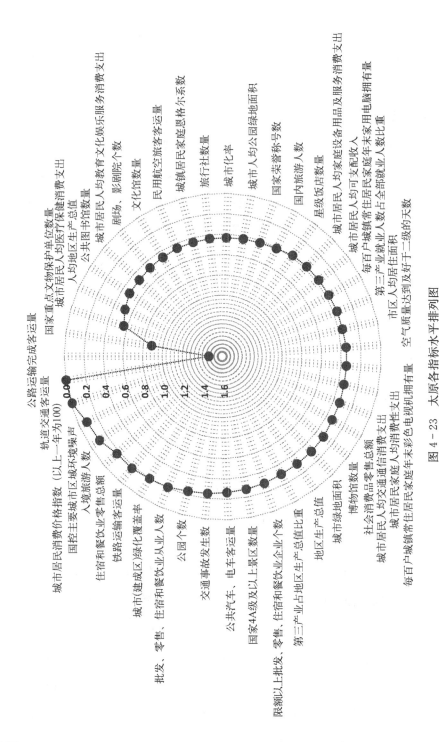

图4-23　太原各指标水平排列图

庭设备用品及服务消费支出(第31名),轨道交通客运量,每百户城镇常住居民家庭年末彩色电视机拥有量(第32名),空气质量达到及好于二级的天数(第33名),城市居民家庭人均消费性支出(第34名),城市居民人均可支配收入,城市居民人均交通通信消费支出(第35名)等指标。从中可以看出,太原在旅游接待设施上还需加强,拓展多元的商业业态,提升城市吸引力。

八、厦门

厦门是我国五大计划单列市之一,也是国家综合配套改革试验区、国家物流枢纽、东南国际航运中心,交通条件便利,自然资源丰富。从数据结果上看,厦门各个指标水平值区间在0~2.5,均值为0.528 1,高于均值水平的指标有14个,占指标总数的32.56%。具体有交通事故发生数,入境旅游人数,旅行社数量,国家荣誉称号数,民用航空旅客客运量,限额以上批发、零售、住宿和餐饮业企业个数,人均地区生产总值,城市居民人均交通通信消费支出,空气质量达到及好于二级的天数,城市居民家庭人均消费性支出,城市居民人均可支配收入,公共汽车、电车客运量,公园个数,城市人均公园绿地面积。从中可以看出,厦门在城市休闲化进程中发展良好的指标有交通客运规模、人均休闲消费水平和入境旅游接待规模,这说明厦门的生活相对较舒适,城市居住环境优越,吸引力较强。

低于均值水平的指标有29个,占指标总数的67.44%。具体有城市居民人均教育文化娱乐服务消费支出,城市绿地面积,住宿和餐饮业零售总额,城市居民人均家庭设备用品及服务消费支出,每百户城镇常住居民家庭年末家用电脑拥有量,地区生产总值,城市化率,星级饭店数量,国内旅游人数,公共图书馆数量,城市居民人均医疗保健消费支出,社会消费品零售总额,批发、零售、住宿和餐饮业从业人数,国家4A级及以上景区数量,城镇居民家庭恩格尔系数,第三产业就业人数占全部就业人数比重,每百户城镇常住居民家庭年末彩色电视机拥有量,市区人均居住面积,第三产业占地区生产总值比重,文化馆数量,公路运输完成客运量,博物馆数量,城市(建成区)绿化覆盖率,国家重点文物保护单位数量,铁路运输客运量,国控主要城市区域环境噪声,轨道交通客运量,剧场、影剧院个数,城市居民消费价格指数(以上一年为100)。从中可以看出,厦门在城市休闲化进程中发展较弱的指标有住宿餐饮业规模、文娱设施规模、第三产业发展等,这说明厦门休闲供给能力尚显不足。

从横向指标来看,厦门的各项指标在36个城市中的排名较为均衡。其中,排名处于前十位的有人均地区生产总值,城市化率,交通事故发生数,旅行社数量,入境旅游人数,城市(建成区)绿化覆盖率,城市人均公园绿地面积,空气质量达到及好于二级的天数,国家荣誉称号数,城市居民人均可支配收入,城市居民家庭人均消费性支出等指标。处于中等水平的有地区生产总值,住宿和餐饮业零售总额,批发、零售、住宿和餐饮业从业人数,限额以上批发、零售、住宿和餐饮业企业个数,公共汽车、电车客运量,公路运输完成客运量,民用航空旅客客运量,每百户城镇常住居民家庭年末家用电脑拥有量,星级饭店数量,公园个数,国内旅游人数,城市绿地面积,城镇居民家庭恩格尔系数,城市居民人均家庭设备用品及服务消费支出,城市居民人均交通通信消费支出,城市居民人均教育文化娱乐服务消费支出等指标。在36个城市中排名处于后十位的有轨道交通客运量,博物馆数量,国家4A级及以上景区数量,国控主要城市区域环境噪声,城市居民消费价格指数(以上一年为100)(第26名),社会消费品零售总额(第27名),公共图书馆数量(第28名),第三产业占地区生产总值比重(第29名),铁路运输客运量,国家重点文物保护单位数量,城市居民人均医疗保健消费支出(第30名),第三产业就业人数占全部就

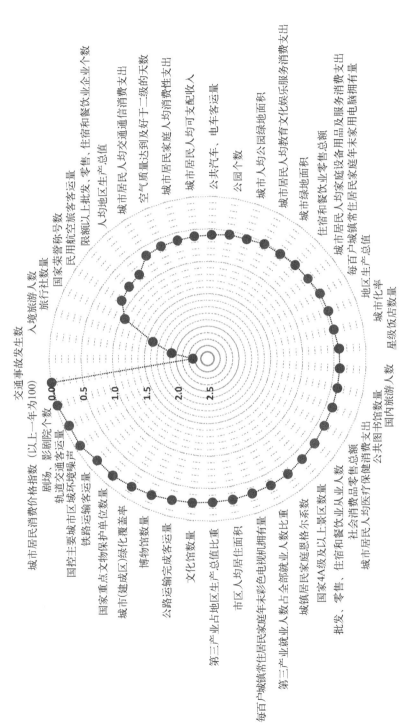

图4-24 厦门各指标水平排列图

业人数比重(第33名),文化馆数量,剧场、影剧院个数,市区人均居住面积(第34名),每百户城镇常住居民家庭年末彩色电视机拥有量(第36名)等指标。从中可以看出,厦门入境旅游发展比国内旅游发展竞争力强,这与厦门地理位置有密切联系,同时要注重休闲文化产业的发展,提升本地居民生活幸福感。

九、乌鲁木齐

乌鲁木齐地处亚欧大陆中心,是西方文化和中国文化的荟萃之地,有"亚心之都"的称呼,同时也是全国文明城市、国家园林城市、全国双拥模范城市、中国优秀旅游城市、全国民族团结进步模范城市。从数据结果上看,乌鲁木齐各个指标水平值区间在0~3,均值为0.455 8,高于均值水平的指标有13个,占指标总数的30.23%。具体有交通事故发生数,星级饭店数量,城市居民人均医疗保健消费支出,旅行社数量,公共汽车、电车客运量,城市居民人均教育文化娱乐服务消费支出,城市绿地面积,城市居民人均交通通信消费支出,城市居民人均家庭设备用品及服务消费支出,城市居民家庭人均消费性支出,人均地区生产总值,空气质量达到及好于二级的天数,第三产业就业人数占全部就业人数比重。从中可以看出,乌鲁木齐在城市休闲化进程中发展较好的指标集中于人均休闲消费支出、市内交通规模、城市绿化环境等,这说明乌鲁木齐本地居民休闲消费需求相对旺盛,同时城市的基础设施、生态文明建设较好。

低于均值指标的有30个,占指标总数的69.77%。具体有城市居民人均可支配收入,国家荣誉称号数,民用航空旅客客运量,城市人均公园绿地面积,文化馆数量,第三产业占地区生产总值比重,城镇居民家庭恩格尔系数,每百户城镇常住居民家庭年末彩色电视机拥有量,市区人均居住面积,限额以上批发、零售、住宿和餐饮业企业个数,公共图书馆数量,城市化率,地区生产总值,社会消费品零售总额,国家4A级及以上景区数量,每百户城镇常住居民家庭年末家用电脑拥有量,城市(建成区)绿化覆盖率,住宿和餐饮业零售总额,批发、零售、住宿和餐饮业从业人数,国家重点文物保护单位数量,公园个数,入境旅游人数,博物馆数量,铁路运输客运量,国内旅游人数,国控主要城市区域环境噪声,剧场、影剧院个数,公路运输完成客运量,轨道交通客运量,城市居民消费价格指数(以上一年为100)。从中可以看出,乌鲁木齐在城市休闲化进程中发展较弱的指标集中于对外交通客运规模、第三产业发展、文化娱乐设施规模、旅游接待规模等,这说明乌鲁木齐的休闲产业结构相对单一,对外吸引力较弱。

从横向指标来看,乌鲁木齐的指标在36个城市中排名主要集中在中下水平。其中,排名处于前十位的有第三产业占地区生产总值比重,第三产业就业人数占全部就业人数比重,交通事故发生数,星级饭店数量,城市居民消费价格指数(以上一年为100),城市居民家庭人均消费性支出,城市居民人均医疗保健消费支出,城市居民人均交通通信消费支出,城市居民人均教育文化娱乐服务消费支出等指标,城市居民消费价格指数(以上一年为100)位列第一。处于中等水平的有人均地区生产总值,限额以上批发、零售、住宿和餐饮业企业个数,公共汽车、电车客运量,民用航空旅客客运量,旅行社数量,城市绿地面积,空气质量达到及好于二级的天数,国控主要城市区域环境噪声,城镇居民家庭恩格尔系数,城市居民人均可支配收入,城市居民人均家庭设备用品及服务消费支出等指标。而市区人均居住面积,城市(建成区)绿化覆盖率(第26名),住宿和餐饮业零售总额(第27名),入境旅游人数,城市人均公园绿地面积(第28名),轨道交通客运量,剧场、影剧院个数,每百户城镇常住居民家庭年末彩色电视机拥有量(第29名),地区生产总值,社会消费品零售总额,文化馆

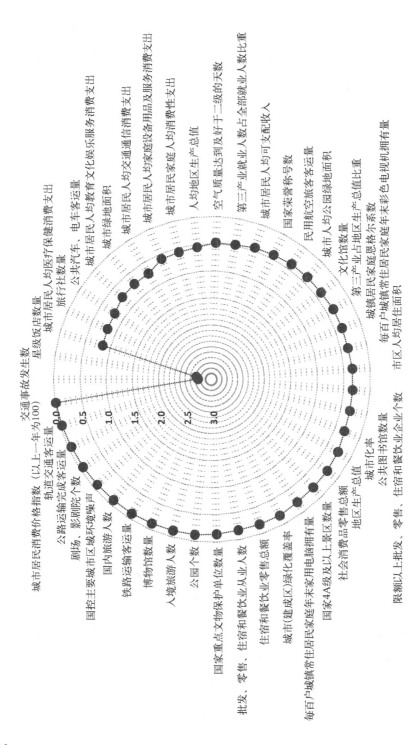

图 4-25 乌鲁木齐各指标水平排列图

数量(第 30 名),批发、零售、住宿和餐饮业从业人数(第 31 名),铁路运输客运量,公园个数(第 32 名),公共图书馆数量,国家重点文物保护单位数量,国家 4A 级及以上景区数量(第 33 名),城市化率,公路运输完成客运量(第 34 名),博物馆数量,国内旅游人数,国家荣誉称号数(第 35 名),每百户城镇常住居民家庭年末家用电脑拥有量(第 36 名)等 23 个指标,在 36 个城市中排名处于后十位。从中可以看出,尽管乌鲁木齐的第三产业在自身发展水平中较弱,然而在横向比较中却处于上游水平,在未来发展中可以发扬自身优势。但是乌鲁木齐在城市绿化环境、旅游接待、文化娱乐休闲设施规模等方面还需加强。

十、宁波

宁波是我国五大计划单列市之一,也是我国东南沿海重要的港口城市、长江三角洲南翼经济中心,地理位置优越,文化底蕴浓厚。从数据结果上看,宁波各个指标水平值区间在 0~3.5,均值为 0.628 5,高于均值水平的指标有 17 个,占指标总数的 39.53%。具体有交通事故发生数,限额以上批发、零售、住宿和餐饮业企业个数,国家荣誉称号数,剧场、影剧院个数,地区生产总值,住宿和餐饮业零售总额,博物馆数量,国家 4A 级及以上景区数量,人均地区生产总值,星级饭店数量,城市居民人均交通通信消费支出,城市居民人均教育文化娱乐服务消费支出,社会消费品零售总额,国家重点文物保护单位数量,公园个数,城市居民人均可支配收入,每百户城镇常住居民家庭年末彩色电视机拥有量。从中可以看出,宁波在城市休闲化进程中发展较好的指标集中于住宿餐饮业规模、休闲设施规模等,这说明宁波居民休闲消费需求与休闲娱乐供给之间匹配度较高。

低于均值水平的指标有 26 个,占指标总数的 60.47%。具体有城市居民家庭人均消费性支出,国内旅游人数,城市居民人均医疗保健消费支出,城市居民人均家庭设备用品及服务消费支出,空气质量达到及好于二级的天数,公共图书馆数量,每百户城镇常住居民家庭年末家用电脑拥有量,城市人均公园绿地面积,文化馆数量,旅行社数量,市区人均居住面积,民用航空旅客客运量,城市化率,城市绿地面积,铁路运输客运量,城镇居民家庭恩格尔系数,公共汽车、电车客运量,入境旅游人数,批发、零售、住宿和餐饮业从业人数,第三产业就业人数占全部就业人数比重,第三产业占地区生产总值比重,轨道交通客运量,公路运输完成客运量,城市(建成区)绿化覆盖率,国控主要城市区域环境噪声,城市居民消费价格指数(以上一年为100)。从中可以看出,宁波在城市休闲化进程中发展较弱的指标集中于旅游接待规模、城市环境质量、文化设施规模、交通客运规模等,这说明宁波在居民休闲娱乐活动的便利性方面有待进一步提升。

从横向指标来看,宁波的指标在36个城市中排名主要集中在中上水平。其中,排名处于前十位的有人均地区生产总值,住宿和餐饮业零售总额,限额以上批发、零售、住宿和餐饮业企业个数,交通事故发生数,剧场、影剧院个数,国家4A级及以上景区数量,公园个数,市区人均居住面积,每百户城镇常住居民家庭年末彩色电视机拥有量,国家荣誉称号数,城市居民人均可支配收入,城市居民家庭人均消费性支出,城市居民人均交通通信消费支出,城市居民人均教育文化娱乐服务消费支出等指标,其中交通事故发生数和国家荣誉称号数位列第一。处于中等水平的有地区生产总值,城市化率,社会消费品零售总额,批发、零售、住宿和餐饮业从业人数,轨道交通客运量,公路运输完成客运量,铁路运输客运量,民用航空旅客客运量,文化馆数量,博物馆数量,公共图书馆数量,国家重点文物保护单位数量,每百户城镇常住居民家庭年末家用电脑拥有量,旅行社数量,

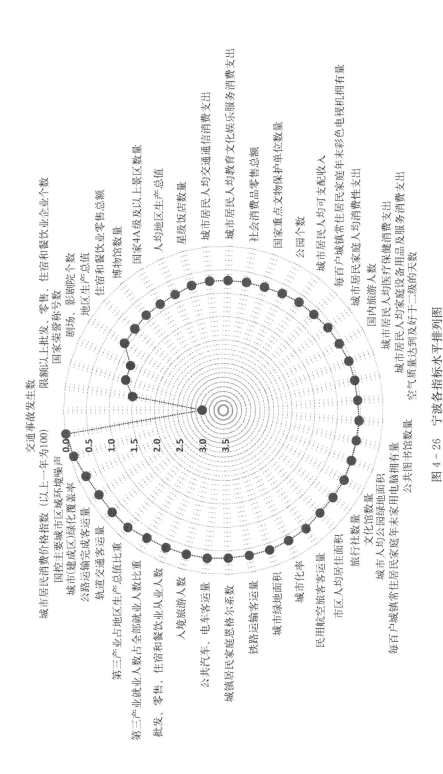

图4-26 宁波各指标水平排列图

星级饭店数量,国内旅游人数,入境旅游人数,城市(建成区)绿化覆盖率,城市绿地面积,城市人均公园绿地面积,空气质量达到及好于二级的天数,城镇居民家庭恩格尔系数,城市居民消费价格指数(以上一年为100),城市居民人均家庭设备用品及服务消费支出,城市居民人均医疗保健消费支出等指标。

在36个城市中排名处于后十位的有公共汽车、电车客运量(第27名),国控主要城市区域环境噪声(第32名),第三产业就业人数占全部就业人数比重(第34名),第三产业占地区生产总值比重(第35名)等指标。从中可以看出,宁波具备发展休闲活动的条件相对优越,但是在市内交通规模、生态环境、第三产业发展规模等指标上尚存在不足。

十一、石家庄

石家庄地处华北地区,是我国重要的商品集散地和北方重要的大商埠、全国性商贸会展中心城市之一和中国国际数字经济博览会永久举办地,旅游资源丰富,名胜古迹众多。从数据分析上看,石家庄各个指标水平值区间在0~1.5,均值为0.401 2,高于均值水平的指标有15个,占指标总数的34.88%。具体有剧场、影剧院个数,公共图书馆数量,国家重点文物保护单位数量,文化馆数量,交通事故发生数,国家4A级及以上景区数量,国内旅游人数,城市人均公园绿地面积,第三产业就业人数占全部就业人数比重,城镇居民家庭恩格尔系数,地区生产总值,星级饭店数量,国家荣誉称号数,社会消费品零售总额,城市居民人均家庭设备用品及服务消费支出。从中可以看出,石家庄在城市休闲化进程中发展较好的指标有文化休闲设施规模、国内旅游接待规模、城市绿地环境等,反映出石家庄基础休闲建设相对完善。

低于均值水平的指标有28个,占指标总数的65.12%。具体有城市居民人均可支配收入,每百户城镇常住居民家庭年末家用电脑拥有量,每百户城镇常住居民家庭年末彩色电视机拥有量,城市居民人均医疗保健消费支出,市区人均居住面积,民用航空旅客客运量,城市居民家庭人均消费性支出,公园个数,城市化率,城市绿地面积,旅行社数量,城市居民人均教育文化娱乐服务消费支出,空气质量达到及好于二级的天数,第三产业占地区生产总值比重,人均地区生产总值,公共汽车、电车客运量,限额以上批发、零售、住宿和餐饮业企业个数,铁路运输客运量,城市居民人均交通通信消费支出,批发、零售、住宿和餐饮业从业人数,博物馆数量,公路运输完成客运量,城市(建成区)绿化覆盖率,住宿和餐饮业零售总额,轨道交通客运量,入境旅游人数,国控主要城市区域环境噪声,城市居民消费价格指数(以上一年为100)。从中可以看出,石家庄在城市休闲化进程中发展较弱的指标集中在家庭休闲设施、交通客运规模、住宿餐饮业规模等,说明石家庄的休闲供给尚不充分。

　　从横向指标来看,石家庄的指标在36个城市中排名主要集中在中下水平。其中,排名处于前十位的有第三产业就业人数占全部就业人数比重,交通事故发生数,文化馆数量,公共图书馆数量,剧场、影剧院个数,国家重点文物保护单位数量,市区人均居住面积,城镇居民家庭恩格尔系数等指标。处于中等水平的有地区生产总值,第三产业占地区生产总值比重,社会消费品零售总额,批发、零售、住宿和餐饮业从业人数,轨道交通客运量,铁路运输客运量,星级饭店数量,国家4A级及以上景区数量,公园个数,国内旅游人数,城市(建成区)绿化覆盖率,城市人均公园绿地面积,每百户城镇常住居民家庭年末彩色电视机拥有量,国控主要城市区域环境噪声,城市居民消费价格指数(以上一年为100)等指标。在36个城市中排名处于后十位的有民用航空旅客客运量,城市绿地面积(第26名),限额以上批发、零售、住宿和餐饮业企业个数,每百户城镇常住居民

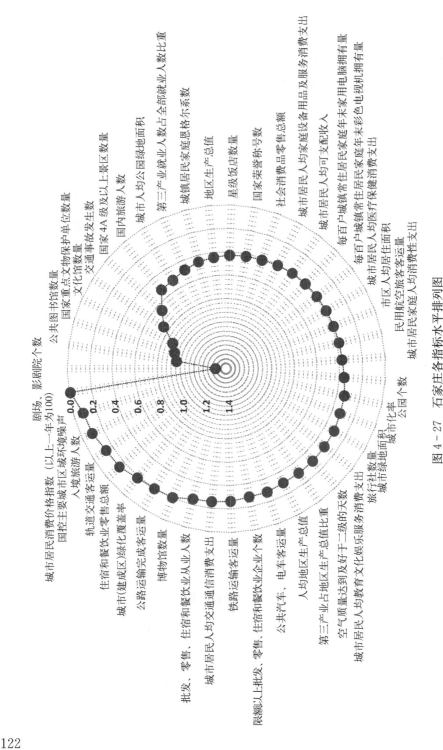

图 4 - 27　石家庄各指标水平排列图

家庭年末家用电脑拥有量(第27名),公路运输完成客运量,博物馆数量,城市居民人均可支配收入(第28名),住宿和餐饮业零售总额,公共汽车、电车客运量,国家荣誉称号数,城市居民人均家庭设备用品及服务消费支出(第29名),旅行社数量,入境旅游人数,城市居民人均医疗保健消费支出(第31名),城市化率(第32名),城市居民家庭人均消费性支出(第33名),城市居民人均教育文化娱乐服务消费支出(第35名),人均地区生产总值,空气质量达到及好于二级的天数,城市居民人均交通通信消费支出(第36名)等指标。从中可以看出,石家庄在交通、生态环境、旅游等方面建设不够完善,同时由于石家庄城市受制于人口规模,导致城市休闲娱乐产业规模和需求水平都还较低。

十二、南昌

南昌是江西省的政治、经济、文化、科教和交通中心,有"粤户闽庭,吴头楚尾""襟三江而带五湖"之称,是中国唯一一个毗邻长江三角洲、珠江三角洲和海西经济区的省会城市,也是华东地区重要的中心城市之一、长江中游城市群中心城市之一。从数据结果上看,南昌各个指标水平值区间在0~1.5,均值为0.387 4,高于均值水平的指标有20个,占指标总数的46.51%。具体有国家荣誉称号数,交通事故发生数,国内旅游人数,住宿和餐饮业零售总额,人均地区生产总值,空气质量达到及好于二级的天数,城市居民家庭人均消费性支出,城市居民人均可支配收入,每百户城镇常住居民家庭年末彩色电视机拥有量,城市居民人均交通通信消费支出,民用航空旅客客运量,城市居民人均家庭设备用品及服务消费支出,城市人均公园绿地面积,城市居民人均教育文化娱乐服务消费支出,地区生产总值,星级饭店数量,社会消费品零售总额,公共图书馆数量,每百户城镇常住居民家庭年末家用电脑拥有量,限额以上批发、零售、住宿和餐饮业企业个数。从中可以看出,南昌在城市休闲化进程中发展良好的指标集中在国内旅游接待规模、住宿餐饮业规模、交通客运规模等,说明南昌本地居民休闲消费需求相对旺盛。

低于均值水平的指标有 23 个,占指标总数的 53.49%。具体有文化馆数量,城市化率,市区人均居住面积,公园个数,旅行社数量,博物馆数量,国家 4A 级及以上景区数量,第三产业就业人数占全部就业人数比重,城市绿地面积,城镇居民家庭恩格尔系数,城市居民人均医疗保健消费支出,公共汽车、电车客运量,批发、零售、住宿和餐饮业从业人数,轨道交通客运量,第三产业占地区生产总值比重,国家重点文物保护单位数量,铁路运输客运量,剧场、影剧院个数,城市(建成区)绿化覆盖率,公路运输完成客运量,入境旅游人数,国控主要城市区域环境噪声,城市居民消费价格指数(以上一年为 100)。从中可以看出,南昌在城市休闲化进程中发展较弱的指标集中在文化休闲设施、旅游设施规模、第三产业发展、城市绿化环境、交通客运规模等,说明南昌的休闲供给仍处于较低的发展状态。

从横向指标来看,南昌的指标在 36 个城市中排名主要集中在中下水平。其中,排名处于前十位的有住宿和餐饮业零售总额,交通事故发生数,市区人均居住面积,每百户城镇常住居民家庭年末彩色电视机拥有量等指标。处于中等水平的有地区生产总值,人均地区生产总值,城市化率,社会消费品零售总额,批发、零售、住宿和餐饮业从业人数,限额以上批发、零售、住宿和餐饮业企业个数,轨道交通客运量,铁路运输客运量,民用航空旅客客运量,博物馆数量,剧场、影剧院个数,公园个数,国内旅游人数,城市(建成区)绿化覆盖率,城市人均公园绿地面积,空气质量达到及好于二级的天数,国控主要城市区域环境噪声,国家荣誉称号数,城市居民人均可支配收入,城市居民消费价格指数(以上一年为 100),

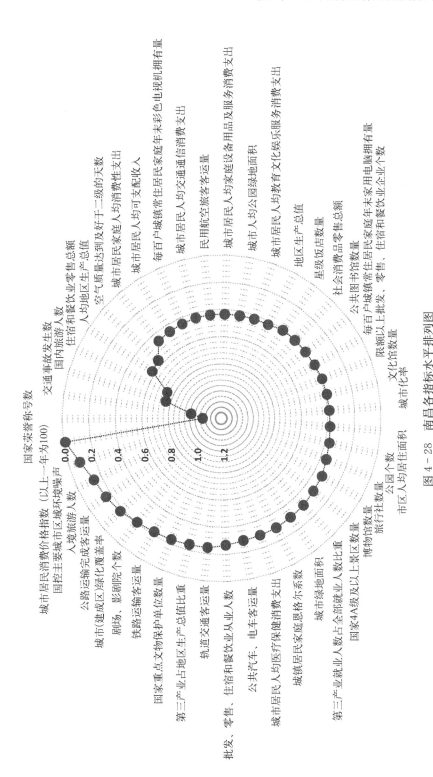

图4-28 南昌各指标水平排列图

国家荣誉称号数
交通事故发生数
国内旅游人数
住宿和餐饮业零售总额
人均地区生产总值
空气质量达到及好于二级的天数
城市居民家庭人均消费性支出
城市居民人均可支配收入
每百户城镇常住居民家庭年末彩色电视机拥有量
城市居民人均交通通信消费支出
民用航空旅客运量
城市居民人均公园绿地面积
城市人均公园绿地面积
城市居民人均教育文化娱乐服务消费支出
地区生产总值
星级饭店数量
社会消费品零售总额
公共图书馆数量
每百户城镇常住居民家庭年末家用电脑拥有量
限额以上批发、零售、住宿和餐饮业个数
文化馆率
城市化率
公园个数
市区人均居住面积

城市居民消费价格指数（以上一年为100）
国控主要城市区域环境噪声
入境旅游人数
公路运输完成客率
城市（建成区）绿化覆盖率
剧场、影剧院个数
铁路运输客运量
国家重点文物保护单位数量
第三产业占地区生产总值比重
轨道交通客运量
城市绿地面积
城市居民人均医疗保健消费支出
城镇居民家庭恩格尔系数
国家4A级及以上景区数量
第三产业就业人数占全部就业人数比重
批发、零售、住宿和餐饮业从业人数
公共汽车、电车客运量
博物馆数量
旅行社数量

0.0 0.2 0.4 0.6 0.8 1.0 1.2

125

城市居民家庭人均消费性支出等指标。每百户城镇常住居民家庭年末家用电脑拥有量,入境旅游人数(第 26 名),国家重点文物保护单位数量,星级饭店数量,国家 4A 级及以上景区数量,城市居民人均家庭设备用品及服务消费支出(第 27 名),公共汽车、电车客运量,文化馆数量,城市绿地面积,城市居民人均交通通信消费支出(第 28 名),公共图书馆数量,旅行社数量,城镇居民家庭恩格尔系数(第 29 名),公路运输完成客运量,城市居民人均教育文化娱乐服务消费支出(第 30 名),第三产业就业人数占全部就业人数比重(第 32 名),城市居民人均医疗保健消费支出(第 35 名),第三产业占地区生产总值比重(第 36 名)等 18 个指标,在 36 个城市中排名处于后十位。从中可以看出,南昌的入境旅游接待规模、文化设施规模、交通客运规模、第三产业发展的水平较低,说明南昌城市对外吸引力还有待提升。

第五节　Ⅱ型大城市休闲化指标分析

城区常住人口规模在 100 万以上 300 万以下的城市为Ⅱ型大城市,符合这一标准的城市有贵阳、兰州、福州、呼和浩特、海口、银川、西宁 7 个城市。从城市区域分布看,东部城市有福州、海口 2 个城市,西部城市有贵阳、兰州、呼和浩特、银川、西宁 5 个城市。从城市行政级别看,13 个城市中除呼和浩特是内蒙古自治区首府外,其余皆为省会城市。

一、贵阳

贵阳地处黔中山原丘陵中部,是我国区域创新中心和生态休闲度假旅游城市,矿产资源和旅游资源丰富。从数据结果上看,贵阳各个指标水平值区间在 0～5.5,均值为 0.520 1,高于均值水平的指标有 10 个,占指标总数的 23.26％。具体有公路运输完成客运量,交通事故发生数,国内旅游人数,国家荣誉称号数,民用航空旅客客运量,城市人均公园绿地面积,空气质量达到及好于二级的天数,城市居民人均教育文化娱乐服务消费支出,公共图书馆数量,城市居民人均交通通信消费支出。从中可以看出,贵阳在城市休闲化进程中发展较好的指标集中于对外交通规模、国内旅游接待规模、城市生态环境等,这说明贵阳在发展过程中比较注重交通与生态建设。

　　低于均值水平的指标有 33 个,占指标总数的 76.74％。具体有文化馆数量,城市居民人均医疗保健消费支出,国家 4A 级及以上景区数量,城市居民家庭人均消费性支出,人均地区生产总值,城市居民人均家庭设备用品及服务消费支出,城市绿地面积,公共汽车、电车客运量,每百户城镇常住居民家庭年末家用电脑拥有量,城市居民人均可支配收入,城市化率,每百户城镇常住居民家庭年末彩色电视机拥有量,市区人均居住面积,第三产业就业人数占全部就业人数比重,星级饭店数量,旅行社数量,地区生产总值,城镇居民家庭恩格尔系数,入境旅游人数,第三产业占地区生产总值比重,社会消费品零售总额,限额以上批发、零售、住宿和餐饮业企业个数,博物馆数量,铁路运输客运量,批发、零售、住宿和餐饮业从业人数,城市(建成区)绿化覆盖率,国家重点文物保护单位数量,住宿和餐饮业零售总额,国控主要城市区域环境噪声,公园个数,轨道交通客运量,剧场、影剧院个数,城市居民消费价格指数(以上一年为 100)。从中可以看出,贵阳在城市休闲化进程中发展较弱的指标集中于人均休闲消费支出、市内交通客运规模、第三产业发展、文化娱乐设施规模等,这说明贵阳城市产业结构单一,同时城市人口规模较小,这也导致了城市休闲娱乐产业规模和需求水平都比较低。

　　从横向指标来看,贵阳的指标在 36 个城市中排名主要集中在中下水

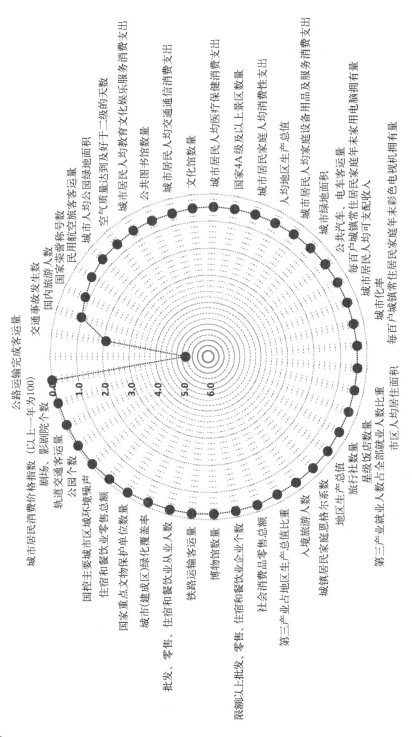

图 4 - 29　贵阳各指标水平排列图

平。其中,排名处于前十位的有公路运输完成客运量,交通事故发生数,国内旅游人数,城市人均公园绿地面积,空气质量达到及好于二级的天数等指标,公路运输完成客运量在 36 个城市中位列第一。处于中等水平的有城市化率,第三产业占地区生产总值比重,公共汽车、电车客运量,铁路运输客运量,民用航空旅客客运量,文化馆数量,公共图书馆数量,每百户城镇常住居民家庭年末家用电脑拥有量,旅行社数量,国家 4A 级及以上景区数量,入境旅游人数,市区人均居住面积,城市(建成区)绿化覆盖率,城市绿地面积,每百户城镇常住居民家庭年末彩色电视机拥有量,国家荣誉称号数,城市居民消费价格指数(以上一年为 100),城市居民家庭人均消费性支出,城市居民人均家庭设备用品及服务消费支出,城市居民人均医疗保健消费支出,城市居民人均交通通信消费支出,城市居民人均教育文化娱乐服务消费支出等指标。而人均地区生产总值,轨道交通客运量,城镇居民家庭恩格尔系数(第 27 名),地区生产总值,批发、零售、住宿和餐饮业从业人数(第 28 名),城市居民人均可支配收入(第 29 名),第三产业就业人数占全部就业人数比重,住宿和餐饮业零售总额,博物馆数量,国控主要城市区域环境噪声(第 30 名),社会消费品零售总额,限额以上批发、零售、住宿和餐饮业企业个数,剧场、影剧院个数,国家重点文物保护单位数量,星级饭店数量(第 31 名),公园个数(第 36 名)等 16 个指标,在 36 个城市中排名处于后十位。从中可以看出,贵阳在经济发展水平、文化娱乐休闲设施规模、住宿餐饮业规模等方面需要提升。

二、兰州

兰州是我国西北地区重要的工业基地和综合交通枢纽,丝绸之路经济带的重要节点城市,也是黄河文化、丝路文化、中原文化和西域文化的重要交汇地。从数据结果上看,兰州各个指标水平值区间在 0~2.5,均值为 0.349 7,高于均值水平的指标有 19 个,占指标总数的 44.19%。具体有交通事故发生数,公共汽车、电车客运量,城市居民人均医疗保健消费支出,空气质量达到及好于二级的天数,剧场、影剧院个数,民用航空旅客客运量,城市人均公园绿地面积,城市居民家庭人均消费性支出,人均地区生产总值,城市化率,城市居民人均家庭设备用品及服务消费支出,旅行社数量,第三产业就业人数占全部就业人数比重,城市居民人均教育文化娱乐服务消费支出,市区人均居住面积,城市居民人均可支配收入,城市居民人均交通通信消费支出,每百户城镇常住居民家庭年末家用电脑拥有量,每百户城镇常住居民家庭年末彩色电视机拥有量。从中可以看出,兰州在城市休闲化进程中发展良好的指标集中在交通客运规模、人均休闲消费支出、休闲设施规模等,这说明兰州本地居民的休闲需求较旺盛,休闲设施较为完善。

低于均值水平的指标有 24 个,占指标总数的 55.81%。具体有国内旅游人数,文化馆数量,第三产业占地区生产总值比重,公共图书馆数量,城镇居民家庭恩格尔系数,星级饭店数量,社会消费品零售总额,限额以上批发、零售、住宿和餐饮业企业个数,公路运输完成客运量,博物馆数量,地区生产总值,国家荣誉称号数,国家重点文物保护单位数量,城市绿地面积,国家 4A 级及以上景区数量,城市(建成区)绿化覆盖率,铁路运输客运量,住宿和餐饮业零售总额,批发、零售、住宿和餐饮业从业人数,公园个数,国控主要城市区域环境噪声,轨道交通客运量,入境旅游人数,城市居民消费价格指数(以上一年为 100)。从中可以看出,兰州在城市休闲化进程中发展较弱的指标集中在文化设施规模、旅游接待规模、城市绿化环境等,说明兰州有关休闲娱乐产业的供给结构和发展规模都存在短板。

从横向指标来看,兰州的指标在 36 个城市中排名主要集中在中等以下水平。其中,排名处于前十位的有城市化率,交通事故发生数,市区人

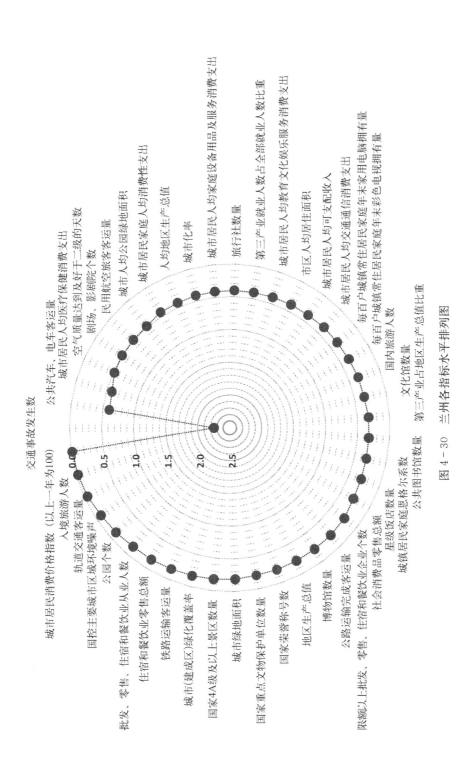

图 4-30　兰州各指标水平排列图

均居住面积,城市居民消费价格指数(以上一年为100)等指标。处于中等水平的有第三产业占地区生产总值比重,第三产业就业人数占全部就业人数比重,公共汽车、电车客运量,民用航空旅客客运量,剧场、影剧院个数,城市人均公园绿地面积,空气质量达到及好于二级的天数,国控主要城市区域环境噪声,城市居民人均医疗保健消费支出等指标。而公路运输完成客运量,旅行社数量,城镇居民家庭恩格尔系数(第26名),博物馆数量,每百户城镇常住居民家庭年末彩色电视机拥有量(第27名),住宿和餐饮业零售总额,轨道交通客运量,国家重点文物保护单位数量,国内旅游人数,城市居民家庭人均消费性支出,城市居民人均家庭设备用品及服务消费支出(第28名),社会消费品零售总额,铁路运输客运量(第29名),限额以上批发、零售、住宿和餐饮业企业个数,每百户城镇常住居民家庭年末家用电脑拥有量(第30名),地区生产总值,人均地区生产总值,文化馆数量,公共图书馆数量,城市居民人均可支配收入,城市居民人均交通通信消费支出(第31名),批发、零售、住宿和餐饮业从业人数,城市绿地面积,城市居民人均教育文化娱乐服务消费支出(第32名),公园个数(第33名),星级饭店数量,国家4A级及以上景区数量,城市(建成区)绿化覆盖率(第34名),入境旅游人数(第35名),国家荣誉称号数(第36名)等30个指标,在36个城市中排名处于后十位。从中可以看出,兰州的城市化发展程度较高,但是休闲娱乐基础设施发展水平却处在中等偏下水平,说明兰州的休闲产业供给上相对不足,同时城市的对外吸引力较弱。

三、福州

福州依山傍水,内河密布,自然风格秀美,名胜古迹众多,曾获得中国优秀旅游城市、滨江滨海生态园林城市等称号。从数据分析上看,福州43个指标水平值区间在0~3,均值为0.5028,高于均值水平的指标有16个,占指标总数的37.21%。具体有交通事故发生数,国家荣誉称号数,限额以上批发、零售、住宿和餐饮业企业个数,地区生产总值,社会消费品零售总额,住宿和餐饮业零售总额,博物馆数量,人均地区生产总值,空气质量达到及好于二级的天数,国家重点文物保护单位数量,公园个数,公共图书馆数量,公路运输完成客运量,城市人均公园绿地面积,城市居民人均教育文化娱乐服务消费支出,城市居民家庭人均消费性支出。从中可以看出,福州在城市休闲化进程中发展良好的指标集中在住宿餐饮业规模、文化设施规模、人均休闲消费支出等,这说明福州本地居民休闲娱乐生活满足感相对较强。

低于均值水平的指标有27个,占指标总数的62.79%。具体有市区人均居住面积,城市居民人均可支配收入,城市居民人均交通通信消费支出,民用航空旅客客运量,每百户城镇常住居民家庭年末家用电脑拥有量,文化馆数量,每百户城镇常住居民家庭年末彩色电视机拥有量,国内旅游人数,城市居民人均家庭设备用品及服务消费支出,国家4A级及以上景区数量,城市化率,公共汽车、电车客运量,城市居民人均医疗保健消费支出,批发、零售、住宿和餐饮业从业人数,星级饭店数量,旅行社数量,城镇居民家庭恩格尔系数,城市绿地面积,第三产业就业人数占全部就业人数比重,第三产业占地区生产总值比重,城市(建成区)绿化覆盖率,铁路运输客运量,轨道交通客运量,国控主要城市区域环境噪声,入境旅游人数,城市居民消费价格指数(以上一年为100),剧场、影剧院个数。从中可以看出,福州在城市休闲化进程中发展较弱的指标集中在交通客运规模、旅游接待设施与规模、城市生态环境和第三产业发展等,说明福州在交通与环境建设方面还存在劣势。

从横向指标来看,福州的指标在36个城市中排名主要集中在中下水

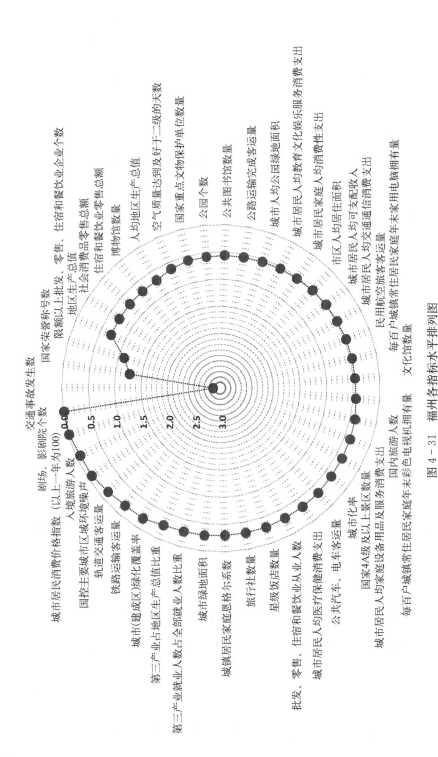

图4-31　福州各指标水平排列图

平。其中,排名处于前十位的有限额以上批发、零售、住宿和餐饮业企业个数,交通事故发生数,市区人均居住面积,城市(建成区)绿化覆盖率,城市人均公园绿地面积,每百户城镇常住居民家庭年末彩色电视机拥有量,空气质量达到及好于二级的天数,国家荣誉称号数,城市居民消费价格指数(以上一年为100)等指标,其中,市区人均居住面积排名第一。处于中等水平的有地区生产总值,人均地区生产总值,社会消费品零售总额,住宿和餐饮业零售总额,批发、零售、住宿和餐饮业从业人数,轨道交通客运量,公路运输完成客运量,铁路运输客运量,民用航空旅客客运量,文化馆数量,博物馆数量,公共图书馆数量,国家重点文物保护单位数量,每百户城镇常住居民家庭年末家用电脑拥有量,国家4A级及以上景区数量,公园个数,城市居民人均可支配收入,城市居民家庭人均消费性支出,城市居民人均交通通信消费支出,城市居民人均教育文化娱乐服务消费支出等指标。

在36个城市中排名处于后十位的有公共汽车、电车客运量,国内旅游人数(第26名),城市化率,城镇居民家庭恩格尔系数(第28名),第三产业占地区生产总值比重,城市居民人均家庭设备用品及服务消费支出(第30名),城市绿地面积(第31名),旅行社数量,入境旅游人数(第32名),星级饭店数量,城市居民人均医疗保健消费支出(第33名),剧场、影剧院个数,国控主要城市区域环境噪声(第35名),第三产业就业人数占全部就业人数比重(第36名)等指标。从中可以看出,福州的本地居民休闲需求旺盛,但是对外吸引力、旅游接待设施与规模的竞争力还有待提升。

四、呼和浩特

呼和浩特是国家历史文化名城,是华夏文明的发祥地之一,有着悠久的历史和光辉灿烂的文化。从数据结果上看,呼和浩特各个指标水平值区间在0～1,均值为0.327 3,高于均值水平的指标有25个,占指标总数的58.14％。具体是城市人均公园绿地面积,城市居民人均医疗保健消费支出,城市居民人均教育文化娱乐服务消费支出,城市居民人均交通通信消费支出,交通事故发生数,人均地区生产总值,空气质量达到及好于二级的天数,城市居民人均可支配收入,第三产业就业人数占全部就业人数比重,城市居民家庭人均消费性支出,城市居民人均家庭设备用品及服务消费支出,剧场、影剧院个数,星级饭店数量,国家4A级及以上景区数量,公共图书馆数量,文化馆数量,国家荣誉称号数,民用航空旅客客运量,城镇居民家庭恩格尔系数,每百户城镇常住居民家庭年末家用电脑拥有量,旅行社数量,城市化率,城市绿地面积,每百户城镇常住居民家庭年末彩色电视机拥有量,第三产业占地区生产总值比重。从中可以看出,呼和浩特在城市休闲化进程中发展较好的指标主要集中在人均休闲消费水平、空气质量、文化设施规模等,这与呼和浩特的人口规模、文化底蕴等有密切联系。

低于均值水平的指标有18个,占指标总数的41.86％。具体有市区人均居住面积,公共汽车、电车客运量,地区生产总值,公园个数,国内旅游人数,国家重点文物保护单位数量,社会消费品零售总额,城市(建成区)绿化覆盖率,限额以上批发、零售、住宿和餐饮业企业个数,批发、零售、住宿和餐饮业从业人数,博物馆数量,国控主要城市区域环境噪声,住宿和餐饮业零售总额,铁路运输客运量,入境旅游人数,公路运输完成客运量,城市居民消费价格指数(以上一年为100),轨道交通客运量。从中可以看出,呼和浩特在城市休闲化进程中发展较弱的指标主要集中在交通客运规模、旅游接待规模、住宿和餐饮业规模、城市生态环境等,说明呼和浩特的商业零售业态供给、交通便捷性、休闲游憩活动的选择性还不够强,一定程度上造成城市吸引力不足。

从横向指标来看,呼和浩特的指标在36个城市中排名主要集中在中等以下水平。其中,排名处于前十位的有第三产业占地区生产总值比重,第三产业就业人数占全部就业人数比重,城市人均公园绿地面积,国控主要城市区域环境噪声,城镇居民家庭恩格尔系数等指标。处于中等水平的有人均地区生产总值,民用航空旅客客运量,交通事故发生数,剧场、影剧院个数,星级饭店数量,国家4A级及以上景区数量,城市绿地面积,空气质量达到及好于二级的天数,城市居民人均可支配收入,城市居民消费价格指数(以上一年为100),城市居民家庭人均消费性支出,城市居民人均家庭设备用品及服务消费支出,城市居民人均医疗保健消费支出,城市居民人均交通通信消费支出,城市居民人均教育文化娱乐服务消费支出等指标。在36个城市中排名处于后十位的有文化馆数量,公共图书馆数量(第26名),城市(建成区)绿化覆盖率(第27名),旅行社数量,公园个数(第28名),城市化率,国家重点文物保护单位数量,每百户城镇常住居民家庭年末家用电脑拥有量(第29名),公共汽车、电车客运量(第30名),轨道交通客运量,国内旅游人数,国家荣誉称号数(第31名),地区生产总值,社会消费品零售总额,限额以上批发、零售、住宿和餐饮业企业个数(第32名),住宿和餐饮业零售总额,批发、零售、住宿和餐饮业从业人数,铁路运输客运量,入境旅游人数,每百户城镇常住居民家庭年末彩色电视机拥有量(第33名),市区人均居住面积(第35名),公路运输完成客运量,博物馆数量(第36名)等指标。从中可以看出,呼和浩特整体休闲化发展水平较低,尤其是文化设施规模、交通客运规模、住宿餐饮业规模等竞争力较弱,主要与城市经济发展水平、人口规模等有密切关系。

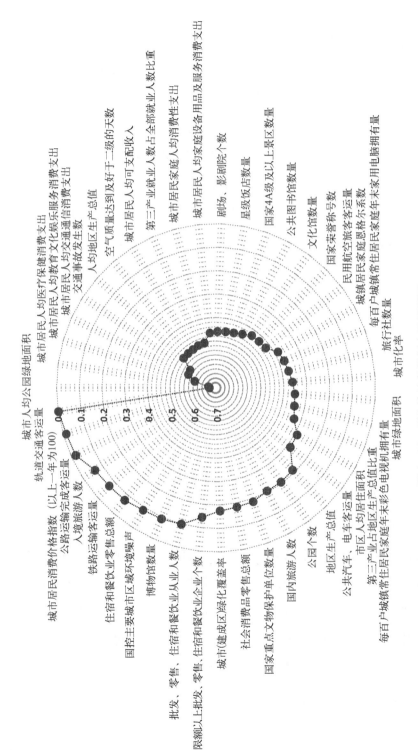

图4-32 呼和浩特各指标水平排列图

五、海口

海口地处热带,是一座富有海滨自然旖旎风光的南方滨海城市,被世界卫生组织选定为中国第一个"世界健康城市"试点地,拥有"中国最具幸福感城市、中国优秀旅游城市、国家历史文化名城"等荣誉称号。从数据结果上看,海口各指标水平值区间在 0~1.5,均值为 0.334 3,高于均值水平的指标有 19 个,占指标总数的 44.19%。具体有星级饭店数量,国家荣誉称号数,民用航空旅客客运量,每百户城镇常住居民家庭年末家用电脑拥有量,空气质量达到及好于二级的天数,旅行社数量,城市居民人均教育文化娱乐服务消费支出,城市居民人均交通通信消费支出,第三产业就业人数占全部就业人数比重,交通事故发生数,城市居民家庭人均消费性支出,人均地区生产总值,城市化率,城市居民人均可支配收入,城市居民人均医疗保健消费支出,第三产业占地区生产总值比重,城市人均公园绿地面积,城市居民人均家庭设备用品及服务消费支出,每百户城镇常住居民家庭年末彩色电视机拥有量。从中可以看出,海口在城市休闲化进程中发展良好的指标集中在航空客运规模、人均休闲消费支出、第三产业发展、家庭娱乐设备拥有量等,说明海口本地居民休闲需求较旺盛,城市生活环境舒适。

低于均值水平的指标有 24 个,占指标总数的 55.81%。具体有市区人均居住面积,城镇居民家庭恩格尔系数,公共图书馆数量,文化馆数量,城市(建成区)绿化覆盖率,批发、零售、住宿和餐饮业从业人数,铁路运输客运量,城市绿地面积,公路运输完成客运量,博物馆数量,社会消费品零售总额,限额以上批发、零售、住宿和餐饮业企业个数,地区生产总值,国家 4A 级及以上景区数量,入境旅游人数,住宿和餐饮业零售总额,国内旅游人数,国家重点文物保护单位数量,公共汽车、电车客运量,剧场、影剧院个数,国控主要城市区域环境噪声,公园个数,城市居民消费价格指数(以上一年为100),轨道交通客运量。从中可以看出,海口在城市休闲化进程中发展较弱的指标主要集中在文化设施规模、住宿餐饮业规模、旅游接待设施与规模等,说明海口在同为海岛资源丰富的三亚影响下,旅游业发展较弱,同时缺乏多样性的休闲产业供给体系,制约了城市的吸引力和竞争力。

从横向指标来看,海口的指标在 36 个城市中排名主要集中在中等以下水平。其中,排名处于前十位的有第三产业占地区生产总值比重,第三产业就业人数占全部就业人数比重,民用航空旅客客运量,每百户城镇常住居民家庭年末家用电脑拥有量,星级饭店数量,空气质量达到及好于二级的天数,国家荣誉称号数等指标。处于中等水平的有城市化率,交通事故发生数,旅行社数量,城市(建成区)绿化覆盖率,国控主要城市区域环境噪声,城市居民人均教育文化娱乐服务消费支出等指标。在 36 个城市中排名处于后十位的有城市居民人均交通通信消费支出(第 26 名),剧场、影剧院个数,入境旅游人数,城市居民人均可支配收入(第 27 名),铁路运输客运量(第 28 名),城市居民家庭人均消费性支出,城市居民人均医疗保健消费支出(第 29 名),批发、零售、住宿和餐饮业从业人数(第 30 名),住宿和餐饮业零售总额,公路运输完成客运量(第 31 名),人均地区生产总值,市区人均居住面积,城市人均公园绿地面积(第 32 名),限额以上批发、零售、住宿和餐饮业企业个数,轨道交通客运量,博物馆数量,国内旅游人数(第 33 名),地区生产总值,社会消费品零售总额,城市绿地面积,城市居民消费价格指数(以上一年为100),城市居民人均家庭设备用品及服务消费支出(第 34 名),公共汽车、电车客运量,文化馆数量,公共图书馆数量,国家重点文物保护单位数量,国家 4A 级及以上景区数量,公园个数,每百户城镇常住居民家庭年末彩色电视机拥有量,城镇居民

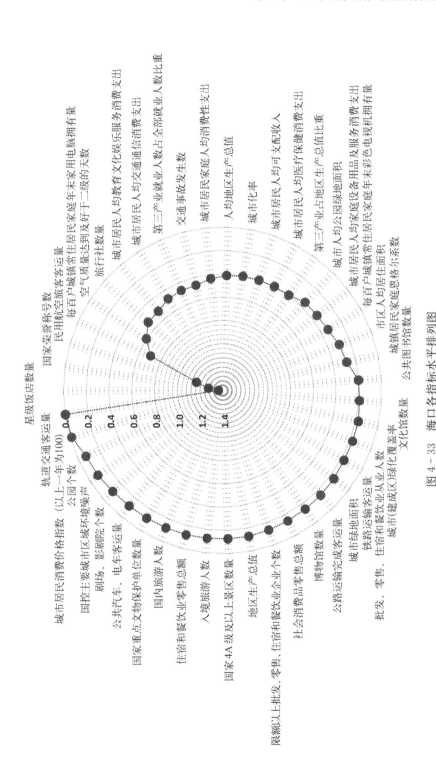

图4-33　海口各指标水平排列图

家庭恩格尔系数(第35名)等指标。从中可以看出,海口的航空客运与第三产业发展较好,具备发展旅游业的条件,但是人均休闲消费支出、住宿餐饮业规模、旅游接待规模等竞争力弱,说明海口的休闲供给与需求能力都尚显不足。

六、银川

银川地处中国西北地区、宁夏平原中部,是古丝绸之路商贸重镇,沿黄城市群核心城市,中蒙俄、新亚欧大陆桥经济走廊核心城市,也是国家向西开放的窗口。从数据结果上看,银川各个指标水平值区间在0~1.5,均值为0.294 4,高于均值水平的指标有19个,占指标总数的44.19%。具体有国家荣誉称号数,城市居民人均医疗保健消费支出,城市人均公园绿地面积,城市居民人均教育文化娱乐服务消费支出,空气质量达到及好于二级的天数,城市居民人均交通通信消费支出,每百户城镇常住居民家庭年末家用电脑拥有量,人均地区生产总值,城市居民家庭人均消费性支出,城市居民人均家庭设备用品及服务消费支出,城市化率,第三产业就业人数占全部就业人数比重,城市居民人均可支配收入,城镇居民家庭恩格尔系数,市区人均居住面积,每百户城镇常住居民家庭年末彩色电视机拥有量,民用航空旅客客运量,公共图书馆数量,文化馆数量。从中可以看出,银川在城市休闲化进程中发展良好的指标主要集中在人均休闲消费支出、城市空气质量、文化设施规模等,说明银川比较注重生态环境建设,本地居民的休闲消费需求旺盛。

低于均值水平的指标有24个,占指标总数的55.81%。具体有星级饭店数量,国家4A级及以上景区数量,第三产业占地区生产总值比重,国家重点文物保护单位数量,交通事故发生数,公共汽车、电车客运量,旅行社数量,城市(建成区)绿化覆盖率,城市绿地面积,博物馆数量,剧场、影剧院个数,地区生产总值,社会消费品零售总额,限额以上批发、零售、住宿和餐饮业企业个数,国控主要城市区域环境噪声,公园个数,公路运输完成客运量,国内旅游人数,批发、零售、住宿和餐饮业从业人数,住宿和餐饮业零售总额,入境旅游人数,铁路运输客运量,城市居民消费价格指数(以上一年为 100),轨道交通客运量。从中可以看出,银川在城市休闲化进程中发展较弱的指标有旅游设施与接待规模、交通客运规模、城市绿化环境等,反映了银川在休闲产业发展方面的综合能力方面还存在发展短板,一定程度上制约了银川的对外吸引力。

　　从横向指标来看,银川的指标在 36 个城市中排名主要集中在中下水平。其中,排名处于前十位的有城市人均公园绿地面积,空气质量达到及好于二级的天数,国控主要城市区域环境噪声,国家荣誉称号数,城市居民消费价格指数(以上一年为 100)等指标。处于中等水平的有城市化率,第三产业就业人数占全部就业人数比重,交通事故发生数,剧场、影剧院个数,国家重点文物保护单位数量,每百户城镇常住居民家庭年末家用电脑拥有量,市区人均居住面积,城市(建成区)绿化覆盖率,城镇居民家庭恩格尔系数,城市居民家庭人均消费性支出,城市居民人均家庭设备用品及服务消费支出,城市居民人均医疗保健消费支出,城市居民人均交通通信消费支出,城市居民人均教育文化娱乐服务消费支出等指标。在 36 个城市中排名处于后十位的有人均地区生产总值(第 26 名),民用航空旅客客运量(第 27 名),城市居民人均可支配收入(第 30 名),国家 4A 级及以上景区数量,每百户城镇常住居民家庭年末彩色电视机拥有量(第 31 名),博物馆数量,公共图书馆数量(第 32 名),地区生产总值,第三产业占地区生产总值比重,社会消费品零售总额,公路运输完成客运量,文化馆数量,城市绿地面积(第 33 名),公共汽车、电车客运量,公园个数,入境旅游人数(第 34 名),批发、零售、住宿和餐饮业从业人数,

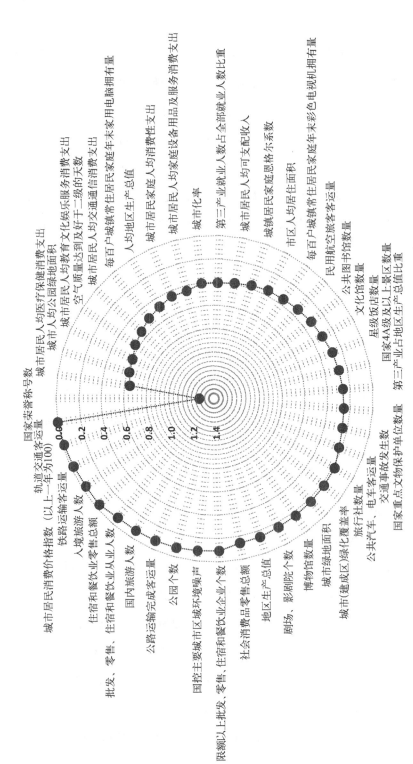

图 4 - 34　银川 43 个指标水平排列图

限额以上批发、零售、住宿和餐饮业企业个数,铁路运输客运量,旅行社数量,星级饭店数量(第 35 名),住宿和餐饮业零售总额,轨道交通客运量,国内旅游人数(第 36 名)等指标。从中可以看出,银川的生态环境质量较高,说明银川注重生态建设,但是整体休闲产业发展处于较低水平,尤其是文化设施规模、交通设施规模、住宿餐饮业规模等,反映出城市吸引力不足。

七、西宁

西宁是青藏高原的东方门户,古"丝绸之路"南路和"唐蕃古道"的必经之地,自古就是西北交通要道和军事重地历史文化渊源流长,有着得天独厚的自然资源,绚丽多彩的民俗风情,是青藏高原一颗璀璨的明珠。从数据结果上看,西宁各个指标水平值区间在 0~1,均值为 0.283 6,高于均值水平的指标有 22 个,占指标总数的 51.16%。具体有交通事故发生数,星级饭店数量,旅行社数量,空气质量达到及好于二级的天数,城市居民人均医疗保健消费支出,城市人均公园绿地面积,住宿和餐饮业零售总额,国家荣誉称号数,第三产业就业人数占全部就业人数比重,城市居民人均交通通信消费支出,城市居民人均教育文化娱乐服务消费支出,城市居民家庭人均消费性支出,城市化率,城市居民人均家庭设备用品及服务消费支出,城市居民人均可支配收入,每百户城镇常住居民家庭年末彩色电视机拥有量,市区人均居住面积,第三产业占地区生产总值比重,每百户城镇常住居民家庭年末家用电脑拥有量,城镇居民家庭恩格尔系数,人均地区生产总值,文化馆数量。从中可以看出,西宁在城市休闲化进程中发展良好的指标主要集中在旅游设施规模、城市生态质量、人均休闲消费支出、家庭休闲设备拥有量等,说明西宁的旅游基础设施发展相对较好,居民的休闲消费需求相对旺盛。

低于均值水平的指标有 21 个,占指标总数的 48.84%。具体有公共图书馆数量,国家 4A 级及以上景区数量,公共汽车、电车客运量,博物馆数量,民用航空旅客客运量,城市(建成区)绿化覆盖率,国家重点文物保护单位数量,公路运输完成客运量,公园个数,国内旅游人数,限额以上批发、零售、住宿和餐饮业企业个数,社会消费品零售总额,地区生产总值,国控主要城市区域环境噪声,城市绿地面积,批发、零售、住宿和餐饮业从业人数,铁路运输客运量,入境旅游人数,城市居民消费价格指数(以上一年为 100),剧场、影剧院个数,轨道交通客运量。从中可以看出,西宁在城市休闲化进程中发展较弱的指标主要集中在文化设施规模、交通客运规模、住宿餐饮业规模等,说明西宁的休闲相关产业供给能力以及旅游吸引力不足。

从横向指标来看,西宁的指标在 36 个城市中排名主要集中在中等以下水平。其中,排名处于前十位的有第三产业占地区生产总值比重,交通事故发生数,空气质量达到及好于二级的天数等指标。处于中等水平的有第三产业就业人数占全部就业人数比重,住宿和餐饮业零售总额,博物馆数量,旅行社数量,星级饭店数量,市区人均居住面积,城市(建成区)绿化覆盖率,城市人均公园绿地面积,国控主要城市区域环境噪声,城镇居民家庭恩格尔系数,城市居民消费价格指数(以上一年为 100),城市居民人均医疗保健消费支出等指标。

在 36 个城市中排名处于后十位的有城市化率(第 26 名),城市居民人均交通通信消费支出(第 29 名),国家 4A 级及以上景区数量(第 30 名),公园个数,城市居民家庭人均消费性支出,城市居民人均教育文化娱乐服务消费支出(第 31 名),公共汽车、电车客运量,公路运输完成客运量,文化馆数量,国家重点文物保护单位数量,国内旅游人数(第 32 名),每百户城镇常住居民家庭年末家用电脑拥有量,城市居民人均家庭

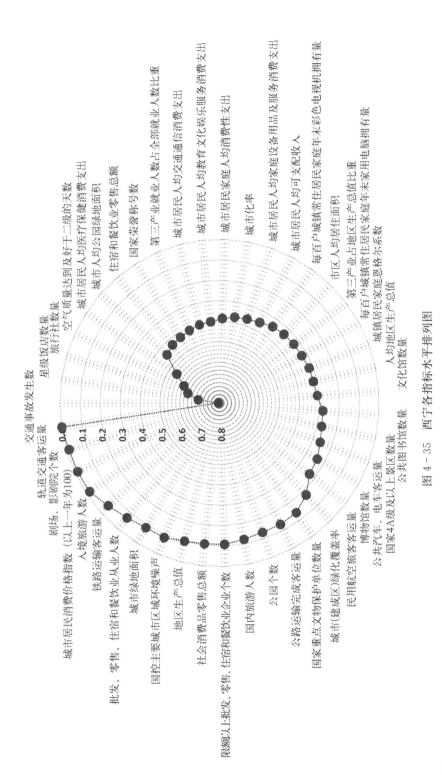

图 4 - 35　西宁各指标水平排列图

设备用品及服务消费支出(第 33 名),人均地区生产总值,批发、零售、住宿和餐饮业从业人数,限额以上批发、零售、住宿和餐饮业企业个数,铁路运输客运量,民用航空旅客客运量,公共图书馆数量,每百户城镇常住居民家庭年末彩色电视机拥有量,国家荣誉称号数(第 34 名),地区生产总值,社会消费品零售总额,轨道交通客运量,城市绿地面积(第 35 名),剧场、影剧院个数,入境旅游人数,城市居民人均可支配收入(第 36 名)等指标。从中可以看出,西宁整体休闲化水平较低,主要与城市人口规模、地理位置、经济发展等因素密切相关。

第六节　中等城市休闲化指标分析

按照我国城市类型的划分标准,城区常住人口 50 万以上 100 万以下的城市为中等城市。在列入监测的 36 个城市中,只有拉萨的人口属于这一等级,为 58.97 万,属于中等城市范畴。

一、拉萨

拉萨是首批国家历史文化名城,以风光秀丽、历史悠久、风俗民情独特、宗教色彩浓厚而闻名于世。从数据结果上看,拉萨各个指标水平值区间在 0～3,均值为 0.322 7,高于均值水平的指标有 14 个,占指标总数的 32.56％。具体有交通事故发生数,星级饭店数量,国家荣誉称号数,空气质量达到及好于二级的天数,城市居民人均家庭设备用品及服务消费支出,第三产业就业人数占全部就业人数比重,人均地区生产总值,城市居民人均交通通信消费支出,城市居民家庭人均消费性支出,每百户城镇常住居民家庭年末彩色电视机拥有量,国家重点文物保护单位数量,城市居民人均可支配收入,旅行社数量,市区人均居住面积。从中可以看出,拉萨在城市休闲化进程中发展良好的指标有人均休闲消费支出、城市环境质量等,主要与拉萨的人口规模、地理特性相关。

低于均值水平的指标有29个,占指标总数的67.44%。具体有每百户城镇常住居民家庭年末家用电脑拥有量,第三产业占地区生产总值比重,公园个数,城镇居民家庭恩格尔系数,城市居民人均医疗保健消费支出,城市居民人均教育文化娱乐服务消费支出,城市人均公园绿地面积,文化馆数量,城市(建成区)绿化覆盖率,城市化率,博物馆数量,民用航空旅客客运量,国家4A级及以上景区数量,入境旅游人数,国内旅游人数,国控主要城市区域环境噪声,公共图书馆数量,城市绿地面积,公共汽车、电车客运量,批发、零售、住宿和餐饮业从业人数,社会消费品零售总额,住宿和餐饮业零售总额,地区生产总值,剧场、影剧院个数,限额以上批发、零售、住宿和餐饮业企业个数,公路运输完成客运量,铁路运输客运量,城市居民消费价格指数(以上一年为100),轨道交通客运量。从中可以看出,拉萨在城市休闲化进程中表现较弱的指标主要集中在住宿餐饮业规模、文化娱乐设施规模、旅游接待规模、交通客运规模等,这些都是制约拉萨城市休闲产业规模化发展的重要因素。

从横向指标来看,拉萨的指标在36个城市中排名主要集中在中等以下水平,排名后三位所占比例高达49%。其中,排名处于前十位的有第三产业就业人数占全部就业人数比重,交通事故发生数,星级饭店数量,空气质量达到及好于二级的天数,国控主要城市区域环境噪声,城市居民消费价格指数(以上一年为100)等指标,其中空气质量达到及好于二级的天数排名第一。处于中等水平的有人均地区生产总值,国家重点文物保护单位数量,公园个数,每百户城镇常住居民家庭年末彩色电视机拥有量,国家荣誉称号数,城市居民家庭人均消费性支出,城市居民人均家庭设备用品及服务消费支出,城市居民人均交通通信消费支出等指标。但是,

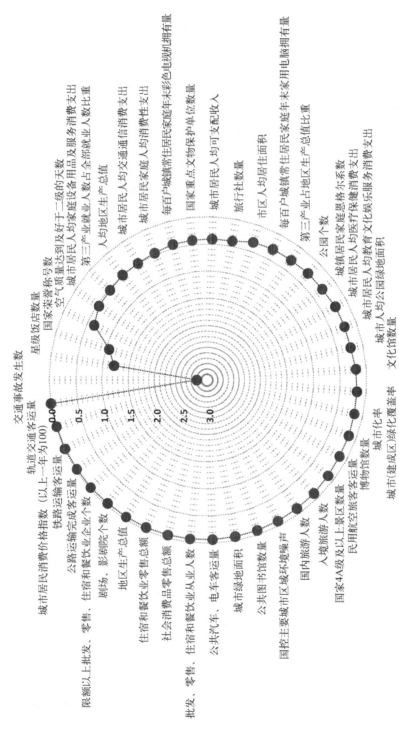

图4-36 拉萨各个指标水平排列图

城市居民人均可支配收入(第 26 名),旅行社数量,市区人均居住面积(第 27 名),第三产业占地区生产总值比重(第 28 名),入境旅游人数(第 30 名),城市(建成区)绿化覆盖率(第 31 名),剧场、影剧院个数(第 33 名),轨道交通客运量,博物馆数量,每百户城镇常住居民家庭年末家用电脑拥有量,国内旅游人数(第 34 名),住宿和餐饮业零售总额,公路运输完成客运量(第 35 名),地区生产总值,城市化率,社会消费品零售总额,批发、零售、住宿和餐饮业从业人数,限额以上批发、零售、住宿和餐饮业企业个数,公共汽车、电车客运量,铁路运输客运量,民用航空旅客客运量,文化馆数量,公共图书馆数量,国家 4A 级及以上景区数量,城市绿地面积,城市人均公园绿地面积,城镇居民家庭恩格尔系数,城市居民人均医疗保健消费支出,城市居民人均教育文化娱乐服务消费支出(第 36 名)等 29 个指标,在 36 个城市排名中均处于后十位。从中可以看出,拉萨由于地理特性影响,空气质量在 36 个城市中名列前茅,但是整体休闲化发展水平较弱,主要与地理位置、经济发展有关。

第三部分

专题研究

第五章 中国旅游演艺产品类型及特点研究

——基于 2010—2020 年全国新增旅游演艺产品的调查数据

第一节 引 言

党的十九大报告指出:"我国社会主要矛盾已经转化为人民日益增长的美好生活需要和不平衡不充分的发展之间的矛盾。"[1] 社会主要矛盾的转变体现了人民群众对美好生活的追求和向往。近年来,伴随着文旅融合的推进和文化产业的持续升温,旅游演艺呈现出欣欣向荣的发展态势[2],逐渐成了旅游目的地和景区的新标配[3],旅游演艺已经成为传播当地文化、丰富游客夜生活、提升当地居民经济收入的重要组成部分。在2019 年文旅部印发的《关于促进旅游演艺发展的指导意见》中指出①,到2025 年涌现出一批具有示范效应的旅游演艺品牌,完善旅游演艺产业链。各省市在政策出台和实践探索方面及时做出了积极响应。如陕西省质量

作者简介:施蓓琦(1981—),女,浙江宁波人,博士,上海旅游高等专科学校教授;张婉盈(1996—),女,河南商丘人,上海师范大学研究生;楼嘉军(1957—),男上海师范大学休闲与旅游研究中心主任、教授。

① 中华人民共和国中央人民政府. 文化和旅游部关于印发《关于促进旅游演艺发展的指导意见》的通知.[EB/OL].http://www.gov.cn/xinwen/2019-04/01/content_5378669.htm.

技术监督局发布《旅游景区实景演出服务规范》[①][②],以规范旅游景区实景演艺的服务工作和质量,维持旅游市场稳定的演出效果。又如,上海市通过打造"亚洲演艺之都",让本地居民和外来游客拥有更多的休闲娱乐的城市文化演艺空间,满足人们不同的文化生活需求[③]。可见,在旅游市场需求升级和政府政策支持的大背景下,旅游演艺不仅快速发展,而且其市场产出效应也在进一步提高[4]。

近20年来,对旅游景区或旅游目的地的各类演出活动有过诸多表述,最初称作主题公园文艺表演[5]、旅游演出、[6]旅游景区的演艺活动[7],或叫作旅游表演[8]。目前关于"旅游演艺"的称谓得到了较为广泛的认同和使用[9]。虽然学者对旅游演艺的定义存在着不同,但是一般认为所谓旅游演艺,是以历史文化和民俗风情文化为主要内容[10][11]、以异地旅游者为主要演出对象[12][13]、占据一定空间的演出和表演活动[14][15]。国外学者没有把旅游演艺作为一个单独研究的视角,而是将其归为文化旅游的范畴[16]。Hughes(2002)根据演出内容将文化表演活动分为戏剧、音乐剧、歌剧、芭蕾舞、管弦乐音乐会、摇滚音乐和流行音乐会[17];Choi等(2007)按照演出团体将演出活动分为非职业团体、专业职业团体、民间演出团体、宗教团体和学校团体[18];朴美京等(2015)按活动类型,认为文化演艺分为庆典、音乐节、音乐会、街头表演[19]。总的来说,国外学者的分类视角较为广泛,为本文提供了一个很好的研究视角。

针对旅游演艺国内学者也进行了积极的探索,主要集中在以下几个方面。一是关于旅游演艺类型。朱立新(2010)从移动性、场地类型、演出

---

① DB61/T 578.1-2013,演出服务规范 第1部分:旅游景区实景演出表演管理[S].
② DB61/T 578.2-2013,演出服务规范 第2部分:旅游景区实景演出设施设备管理[S].
③ 上海文化和旅游局.争创红色"初心"5A景区,五年内,上海旅游年总收入将倍增至7 000亿.[EB/OL].http://whlyj.sh.gov.cn/wlyw/20210508/e382678416ff4d0fae2b467ee5c6d41a.html.

内容和表演主体等不同角度对旅游演艺产品进行了分类[13]；李世娟等(2013)按照景观类型和演艺场所尺度的相互关联性将旅游演艺产品划分为7种类型[20]，符合我国旅游演艺产品发展的多样性，但是对演艺场所的体现还有一定的欠缺；毕剑(2017)从表演内容和形式的角度，并根据表达形式和空间分布的特点，将旅游演艺产品划分成7大类[21]。二是关于旅游演艺市场。毕剑(2019)根据2004—2017年河南省旅游演艺产品的数量及分布，认为河南省旅游演艺产品主要存在空间错位、管理不善、中原特色文化挖掘不足以及形式单一等问题[22]。罗栋等(2015)从旅游产业融合的角度认为旅游演艺产品产生和发展的原因是旅游者需求的变化和市场规模扩大等因素[23]。三是关于旅游演艺发展。余玲等(2019)以2004—2017年间283个实景演艺旅游资源为样本，对发展阶段、类型特征、多维空间格局、时空扩散过程等进行了分析[24]。旅游演艺不断推陈出新，在内容和形式上也在不断的创新发展，上述的分类难以将其全部囊括，存在分类不够全面的缺陷。而且在旅游演艺产品的特点、票价、生命周期等方面的研究较为薄弱，亟需对不同类型、不同角度旅游演艺产品的共性规律和个性特征进行深入探究，创新演艺产品研发机制，调节旅游市场供求平衡。

随着旅游消费的升级，极具文化底蕴的旅游演艺产品满足了人们多样化的旅游需求，但参差不齐的演艺产品质量与游客的实际需求相差甚远，影响了旅游演艺行业持续稳定健康发展。由于前几年对旅游演艺产品的盲目投资和开发，部分演艺产品的盈利能力有待考量，相当一部分处于亏损状态。[25]针对这些问题，本文在把握游客需求升级和市场规模扩大发展新阶段的基础上，从新增旅游演艺产品的角度，探讨我国旅游演艺产品的类型及特点，为我国旅游演艺产品高质量、可持续发展提供借鉴和参考。

第二节　数据来源与处理

近年来具有较高文化承载力和巨大影响力的旅游演艺产品已经成为我国文化产业发展过程中的一个新亮点[14]，不仅丰富了景区及旅游目的地的文化内涵，提升旅游目的地形象，而且促进了地方经济发展。旅游演艺活动的不断发展，受到了国内学界与旅游研究机构的广泛重视。道略文旅产业研究院①是国内专注于演艺产业和拥有动态演出数据库的研究机构。该机构自 2011 年起每年进行旅游演艺产品与旅游演艺机构 10 强评比。截至 2020 年，已连续开展了 11 年。因此本文根据道略文旅产业研究院发布的相关数据，以 2010~2020 年之间新增的旅游演艺产品为样本开展研究。

为了实现数据科学与合理的收集，在样本采集过程中按照相关程序进行了严格的筛选。首先，在 2021 年 3~4 月，依据道略演艺产业研究中心公布的 2010—2020 年合计 11 年间的相关数据，整理形成各个年份"中国旅游演出机构十强"的名单。其次，以"中国旅游演出机构十强"作为搜索关键词，通过查询十强演出机构官网，搜索其 2010~2020 年间新增的旅游演艺产品，并整理出各演艺产品名称，形成名录。在此基础上，梳理各个演艺产品的名称、首演年份、演出地点、演出形式、演艺票价、停演时间等 6 个要素信息（基础数据收集不包含港澳台地区）。再次，根据演出地点，将搜寻范围进一步扩大至全国 31 个省市和自治区，在携程网、豆瓣、马蜂窝 3 大网站上，查询在 2010—2020 年间新增的旅游演艺产品名单，同样按照 6 个要素进行整理。最后，为了尽可能多地收集新增的旅游

---

① 道略文旅产业研究院是一家专注于文化产业发展、营销、管理的平台，其道略网更是中国演艺产业最大的线上交流平台。

演艺产品名单,又以"××年新增的旅游演艺产品"或"××年首次公演的旅游演艺产品"为关键词,在网络上检索出每年新增的旅游演艺产品,并检索出每个演艺产品的相关数据。由此,一共查找到202个新增的旅游演艺产品名单。

通过对样本的首演年份、演出内容、演出地点、演出形式、停演时间等6个方面数据的梳理,发现多个样本存在相关数据的缺失问题。经过再次查询与核实后,共有18个样本数据存在数据缺失或有误的问题,其中8个缺失首演年份信息,3个缺失演出地点信息,5个演艺产品缺失具体票价信息,2个旅游演艺产品的演出形式描述不清晰。将这些有重要数据缺失或有误的旅游演艺产品进行剔除,最终确定184个旅游演艺产品为研究样本。

第三节　旅游演艺产品的分类与特点

一、旅游演艺产品分类

从我国对旅游演艺产品的现有研究来看,依据演出内容,可分为山水实景演出、主题公园式演出和剧场演出[26];按照场地类型可分为户外演出(实景演出、广场演出)和户内演出(专业剧场演出、宴饮场所演艺)[13]。由于当前的旅游演艺形式的多样性和旅游演艺内容的丰富性,传统的划分标准很难更全面地涵盖所有的旅游演艺产品。本文根据我国旅游演艺发展的现状,融合演出内容和演出场地类型特征,将旅游演艺产品归纳为旅游景区演艺、剧院剧场演艺和主题公园演艺三个类型。2010—2020年间,全国有184个新增旅游演艺产品,其中旅游景区演艺77个(41.85%),剧院剧场演艺64个(34.78%),主题公园演艺43个(23.37%),不同类型的演艺具有不同的特征。见图 5-1。

（一）旅游景区演艺

该类型是以优美的自然环境、独特的自然风光为演出背景或场所,利用灯光、舞台、高科技等技术将蕴含当地文化特色的演出展示给游客[27],具有规模宏大、场面壮观的特点,对景区、景点、古镇、村寨的形象起到很好的宣传作用[28]。旅游景区演艺产品具有延长旅游时间、提升游客参与度、提高票房收入等作用。由图 5-1 可知,旅游景区演艺产品主要分布在我国的东部(26 个)和西部地区(30 个),合计 56 个,占旅游景区演艺产品总体数量的 72.73%。东部地区经济和旅游较发达,西部地区则具有地理位置特殊性和文化差异性的优势。

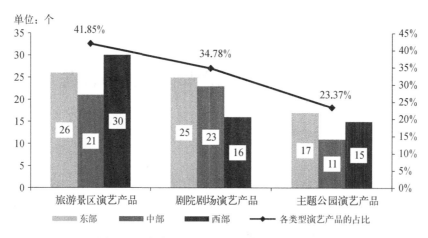

图 5-1 各类型旅游演艺产品地区分布及占比

（二）剧院剧场演艺

该类型演艺是在室内演出场所进行的,以鲜明的地域文化为主要演出内容,兼具文化、经济、社会等多方效益[29],可作为旅游城市长期、独立的旅游吸引物。剧院剧场演艺产品具有规模小、贴近游客、吸引大众参与等特点[30],能够有效地激起游客的好奇心和体验兴趣,更好地理解深层次的文化内涵,形成差异性的体验。根据剧院剧场的特点,该类型演艺可进一步分为独立剧场演艺和宴饮场所演艺。由图5-1可知,剧院剧场演艺产品在我国东部(25个)和中部地区(23个)分布较为广泛,合计48个,占剧院剧场演艺产品总体数量的75.00%。东部地区旅游业、夜经济和文旅市场的活跃度较高,中部地区则拥有较为深厚的历史文化底蕴是中华文化的起源和繁荣之地。

（三）主题公园演艺

该类型主要是依托主题公园而开发的,将演艺内容与公园主题相结合,[31]具有独特而富有创意的主题、别具一格的游乐环境和较强的互动参与性。[32]主题公园演艺产品大多分布于大都市,体现都市特色及风貌,演出内容和公园的创作和运营一体化,能够不断调整,易于形成品牌化产品。演出的地点较为灵活,可以利用已有的剧场,也可以重新搭建剧场,每天演出的场次大多有2场以上。游客在欣赏高质量演出的同时,又可以加深对公园主题和文化的理解,从感官上获得更高质量的体验。由图1可知,主题公园演艺产品主要分布在我国的东部(17个)和西部地区(15个),合计32个,占主题公园演艺产品总体数量的74.42%。东部地区经济较为发达、人口密度较大、对精神文化需求与娱乐休闲需求较高以及消费能力较强,西部地区的旅游业较为发达且文化差异性明显。

据不完全统计,在2010—2020年间,全国共有184个新增的旅游演艺产品,通过对以上样本梳理后发现,旅游演艺产品新增的总数量呈现出不断增长的态势(图5-2),与政府出台的一系列相关的政策和措施、旅游市场的文化需求以及企业对旅游演艺的开发与投资等因素密切相关。再加上场景体验需求使得更多沉浸式技术引入到旅游演艺中,成为又一发展热点。

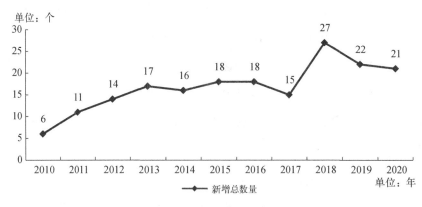

图 5 - 2　2010—2020 年新增旅游演艺产品数量

二、旅游演艺产品的特点

为了剖析不同类型旅游演艺产品之间的差异和特征,下文从时间演化、票价差异和演出期限三个方面进行分析,研究结果表明不同类型的旅游演艺产品在不同的维度之间存在明显的差别。

（一）时间演化

从时间角度看,三种不同类型的旅游演艺产品在新增数量上具有一定的差异性。在旅游景区上演的演艺产品新增数量相对较多,在剧院剧场上演的演艺产品数量保持平稳的发展态势,在主题公园上演的演艺产品数量则呈现出不断增加的趋势。见图 5 - 3。

2012—2018 年,旅游景区演艺产品的数量基本上每年遥遥领先,可能是旅游景区对旅游者有着广泛的吸引力和影响力,游客在选择出游地点是更偏向自然风光和山水风景[33];而且旅游景区演艺产品从一定的程度上能够促进当地夜经济的发展,但投资额巨大、易受环境影响等缺陷也是其发展的阻碍。剧院剧场演艺的新增数量一直处于波动之中,具有表演形式多样化、游客承载能力强等特点,但剧院及剧场的过度分散

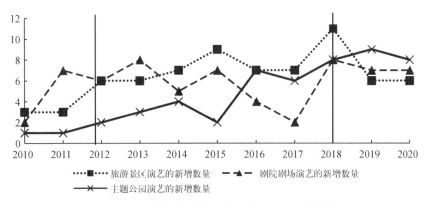

图 5 - 3　不同类型新增旅游演艺产品的时间演化

化很难形成较好的协同效应,盈利能力有待改善。主题公园演艺产品一直在不断增长,具有突破季节和时长限制的优势,是由于我国中产阶级人口的增加及亲子游趋势的加强,再加上"节日经济"和"夜经济"的深入人心,逐渐成为游客首选的旅游热点。在 2018—2020 年间,主题公园演艺的新增数量则超过了其他两类。造成这一转变的原因是虽然在"印象系列"演艺产品的带领下,旅游景区演艺具有较高的热度,但是演出时间和内容较为死板,而且更新内容少、频率低;而主题公园演艺在演出内容和形式上较为灵活,游玩种类多且不受天气的影响,逐渐地受到市场和游客的青睐。

（二）票价差异

演艺市场是以个体消费为主的市场,以消费者需求为中心,在保证盈利的情况下,需要在把握消费者对演艺价值的认知程度、支付意愿以及投入成本等基础上进行合理定价[34]。因此,演艺产品票价既反映了观众的接受度又反映了演艺市场的发展趋势。

据不完全统计,近十年来中国新增旅游演艺的平均票价为 271 元,其中演出票价最高的演艺产品为 680 元,是在上海剧院剧场上演的《不眠之夜》;演出票价最低的为 80 元,是在内蒙古上演的《秦宫乐舞》。见表 5-1。

造成票价悬殊的原因主要有两方面,一是演艺产品前期开发投入的费用。如《不眠之夜》的演艺内容和形式极具创新,而且运用高科技呈现出震撼的视觉效果和沉浸式体验,导致前期投入费用较大,定价相对较高。二是演艺产品的场地租金与运营成本。就场地租用费、运营成本而言,《秦宫乐舞》的演出地点为非 A 级旅游景区,其投资、运营成本都较低,演艺门票定价也随之较低。

表 5-1 旅游景区演艺部分依托地点及价格

类　　型	平均票价 (元)	最高票价 (元)	最低票价 (元)	票价变异 系数
总体旅游演艺产品	271	680	80	47.15%
旅游景区演艺	239	630	80	52.83%
剧院剧场演艺	285	680	88	44.26%
主题公园演艺	290	580	168	38.96%

从表 5-1 中可以看出,主题公园演艺产品的票价为 290 元,比旅游景区演艺和剧院剧场演艺的略高,一方面可能是主题公园演艺票价中既包括演出价格又包括整个乐园的游玩项目,费用构成较为复杂;另一方面主题公园演艺项目是依靠主题乐园的主题和内容,公园游客很容易转化为旅游演艺产品的观众,而且演艺产品更新较快,对游客的吸引力较强。相对来说,旅游景区演艺的门票较低,仅为 239 元。由于 2013 年十二届全国人大常委会通过的《旅游法》正式实施后遏制了门票捆绑销售,减少了客源;而且一些其他演艺活动只是对成功演艺项目的简单复制和形式上的模仿,缺少对专业人员创作和开发的长期资本投入,其投资总成本较

低。剧院剧场演艺则具有二者的优缺点,演艺产品更新速度快,但演艺内容及形式易被模仿和复制,这可能是其平均票价处于中间的主要原因。

变异系数是衡量各观测值变异程度的统计量,反应数据的离散程度。变异系数越小,说明数据越集中,波动性越小。[35]根据变异系数来看,旅游景区演艺的变异系数为52.83%,高于其他两种类型,而主题公园演艺变异系数最小为38.96%。其中,旅游景区演艺内部价格的差异较大,主要是大多数旅游景区演艺产品是依靠景区建立的,而且不同等级景区票价差异较大,再加上其内容和形式容易被模仿,以及投资成本存在明显差异,造成了其内部演艺价格的较大波动。对剧院剧场演艺来说,其票价与剧院和剧场的规模有着较为紧密的联系,具有独立制作或引进演艺产品的剧院更容易控制演出成本[36],而小型剧场客容量较小则成本可能较高[37],由于国内较为知名的剧院剧场演艺大多选在大型剧场,就导致其票价稍高。主题公园演艺虽然票价相对较高,但是内部变化较小。首先,主题公园前期在土地资源、设备采购及建设方面投入了大量的资金,资金成本较高导致票价较高。其次,主题公园演艺的顾客主要是年轻消费群体,需要对演艺内容、设备、形式等不定期进行更改和创新,加大了中期的投入。最后,大多数主题公园遵循市场经济原则,复合型旅游产品的打造,以及具有极强主题性体验项目的建设,使得其投资成本、运营管理、主题内容和盈利模式趋于一致。

（三）演出期限

旅游产业和文化产业容易受到季节、事件等因素的影响,容易产生市场波动性,因此具有一定程度的经营脆弱性[38]。作为文旅融合的新业态,旅游演艺产品也具有比较明显的市场生命周期特征。影响旅游演艺产品生命周期的因素较多,不同演艺产品的类型和性质决定了其不同的市场生命周期特点。具体结果如表5-2所示。

表5-2　不同类型演艺产品生命周期

类　　型	平均年限(年)	最长年限(年)	最短年限(年)
旅游景区演艺	5.36	9	3
剧院剧场演艺	2.78	5	1
主题公园演艺	3.75	7	3

　　在三种不同类型的旅游演艺产品中,旅游景区演艺产品的演出期限为 5.36 年,剧院剧场演艺产品的演出期限为 2.78 年,主题公园演艺的演出期限为 3.75 年。显然,旅游景区演艺产品的市场演出期限最长。究其原因有以下几方面。首先,这类演艺产品是在旅游景区内部开展,景区游客更容易转化为演艺的观众,延长了演出的生命周期,而且这类演艺产品前期的投资会比较大,很难快速退出市场。其次,超过平均年限的演艺产品大多数是在国家 4A 或 5A 级旅游景区和古镇开展的,而低于平均演出年限的演艺剧目大多数是在 2A、3A 级或是非 A 级旅游景区开展的。因此旅游景区演艺的演出年限和演出地点、游客量、环境质量和服务质量等因素有着很大的关联,便利的条件、安全的地点和舒适的环境都是旅游演艺产品受欢迎的重要因素。例如,《印象大红袍》能够从 2010 年演出至今,除了上述要素外,还与其积极进行内容创新和完善的茶文化产业链有着重要的关系。每年会对内容进行 3~4 次的微调整,而且每 3 年进行一次大改,形成了武夷山特有的茶文化品牌。

　　剧院剧场演艺的生命周期最短,仅 2.78 年就退出了市场。一是该类型演艺的观众主要依靠城市游客,城市内其他的旅游吸引物都与其形成竞争关系,游客的选择性较多,而且其对场所的要求不高,投资较少,使其产品更新较快。二是部分演艺演出年限较短也和剧院、剧场的选址有关,一些剧院及剧场选在了人流相对较少、缺少商业气氛的图书馆、博物馆，甚至是政府办公楼附近的地段，不仅造成了驻场演艺的停演，也是对剧场商业设施资源的浪费。三是剧院剧场演艺的跟风现象盛行，一些宴饮场所用餐加剧场表演的营销模式，加速了风格雷同的剧场演艺的倒闭，还有部分演出只注重舞台技术，对文化研究较少，达不到深层次的审美体验。

由于主题公园演艺与主题公园共享观众市场，在客源、品牌、营销等方面占据很大的优势，其表演成本和风险都较低，但是该类演艺的平均演出年限仅为 3.75 年。一方面原因是主题公园建设的选址和市场竞争力度，宋城演艺公司打造的《泰山千古情》仅存活了 3 年就被市场淘汰，是因为游客在泰山停留时间较短，而且看日出和演出的时间相冲突，再加上《中华泰山·封禅大典》的强力竞争，多重因素造成了《泰山千古情》的退出。另一方面主题公园需要根据游客的反馈对演艺内容迅速做出调整，及时地获取和融合新元素，分阶段淘汰一些不受欢迎或者市场停滞的演艺项目，增强游客的感官体验。如上海迪士尼《狮子王》音乐剧演出 2 年就进行了剧目更换，维持了观众的好奇心和观演热情。

第四节　结论与讨论

一、结论

新增旅游演艺产品不仅展现了人们对旅游文化产品的偏好，也体现了未来旅游市场演艺产品发展的基本趋势，对旅游演艺产品其特点的探索具有重要的理论价值与现实意义。本文以 2010—2020 年全国新增的 184 个旅游演艺产品为样本，划分了旅游演艺产品的类型，并从旅游演艺产品的时间演化、票价差异及演出期限进行了梳理。得出如下主要结论。

第一,旅游演艺产品新增的数量总体上呈现出不断增长的态势。其规模和质量也在逐渐扩大和提升。但是3种类型旅游演艺产品在变化趋势上存在明显的差别,旅游景区演艺的新增数量最多,但近几年有下降的趋势;剧院剧场演艺保持平稳的发展;主题公园演艺的新增数量则不断地增加。这一现象与旅游市场的扩大、旅游诉求的升级、政府政策上的支持以及消费主力的年轻化等因素有关。

第二,关于票价差异方面,主题公园演艺的均价最高,包括了演出及乐园游玩项目的价格,而且其演艺产品更新较快,演出成本较高;剧院剧场演艺均价次之;旅游景区演艺的均价最低,与政策实施、创作成本等因素密切相关,但是内部差异最大。

第三,关于演出期限方面,旅游景区演艺的平均演出周期最长,与依托的演出地点、游客量、环境质量和服务质量等因素有关;剧院剧场演艺平均演出期限最短,以城市游客为主要客源,而且城市其他演出类产品与其形成强有力的竞争,但是投资成本相对低,产品更新较快,形成了较稳定的客源;主题公园演艺平均演出周期与公园选址和文化内涵有较强的关联,而且其不断的更新的发展,为游客提供了多维度的旅游体验。

二、讨论

通过上述对旅游演艺产品特点的分析,基于旅游演艺产品的开发和可持续发展的角度,分析了中国旅游演艺产品现存的一些问题。

首先,是旅游演艺产品的演出内容及形式,要注重对传统文化和当地特色文化的挖掘和植入,丰富演出内容及结构;充分利用现代科技手段,使演出更具有张力和吸引力,延长旅游演艺产品的生命周期,获得市场和消费者的认同。此外,我国大多数旅游演艺产品的官方票价在二三百之间,但是其客源主要依赖旅行社的捆绑销售,很容易产生"同票不同价"的乱象,部分票价远低于散客票价,可能会导致旅游演艺市场秩序的混乱[39]。最好根据当地的人均收入,采用不同的价格策略满足不同层次观众的需求,提高上座率,扩大演出观看市场。

其次,我国旅游演艺大多仅在国内演出,走出国门的较少,因此旅游演艺应该积极开拓国际市场,让中国的旅游演艺产品成为展示中国文化的重要部分。旅游演艺通过艺术展示的方式,让观众在潜移默化中得到了优秀文化的熏陶,传承和弘扬了社会主义核心价值观。旅游演艺走出去,不仅能够加快国内文旅深度融合,还彰显了中国的文化自信,扩大中华文化的国际影响力。

本文探讨2010—2020年间新增旅游演艺产品的发展趋势,并根据不同种类演艺产品的特征从不同的角度进行了分析,分析的过程还发现我国旅游演艺的分布不均衡,呈现出区位上的显著差异,中、东、西部的区域差异明显而且在不断扩大。后续可以进一步从空间分布的角度讨论不同地区旅游演艺产品的分布特征,从不同的角度探讨我国旅游演艺产品的发展规律和分布特征,进一步丰富旅游演艺产品的研究内容和体系。

参考文献

[1]习近平.决胜全面建成小康社会夺取新时代中国特色社会主义伟大胜利——在中国共产党第十九次全国代表大会上的报告[M].北京:人民出版社,2017.

[2]叶志良.文旅融合时代的国内旅游演艺研究[M].北京:中国旅游出版社.2019.

[3]王国权,王欣,陈微.知识图谱视角下国内旅游演艺的研究进展与演化趋势述评[J].资源开发与市场,2019,35(11):1417-1422+1437.

[4]叶志良.问题与对策:我国旅游演出可持续发展的路径[J].四川旅游学院学报,2020(06):64-69.

[5]张永安,苏黎.主题公园文艺表演产品层次探究:以深圳华侨城主题公园为

例[J]. 江苏商论,2003(12):120 - 122.

[6]诸葛艺婷,崔凤军. 我国旅游演出产品精品化策略探讨[J]. 社会科学家,
      2005(5):121 - 123.

[7]陈铭杰. 景区演艺活动品牌化探讨[N]. 中国旅游报,2005 - 05 - 11(2).

[8]李蕾蕾,张晗,卢嘉杰,文俊,王玺瑞. 旅游表演的文化产业生产模式:深圳华侨
      城主题公园个案研究[J]. 旅游科学,2005(06):44 - 51.

[9]李幼常. 国内旅游演艺研究[D]. 成都:四川师范大学,2007.

[10]罗颖,郑汴洛. 旅游演出市场开发创新研究[J]. 郑州航空工业管理学院学报,
      2009(4):60 - 63.

[11]汪克会. 国内旅游演艺产品开发现状探析[J]. 商业经济,2010(3):102 - 103.

[12]朱立新. 中国当代的旅游演艺[J]. 社科纵横,2010(4):96.

[13]杨卫武,徐薛艳,刘嫄. 旅游演艺的理论与实践[M]. 北京:中国旅游出版
      社,2013.

[14]毕剑. 基于空间视角的我国旅游演艺发展研究[D]. 大连:辽宁师范大学,2016.

[15]张文萃. 海南旅游演艺产业发展战略研究[D]. 海口:海南大学,2016.

[16]刘好强. 国外旅游演艺研究综述[J]. 旅游纵览(下半月),2015(14):13 - 14+16.

[17]Hughes H L. Culture and tourism:a framework for further analysis. Managing
      Leisure, 2002. 7(3):164 - 175.

[18]Choi Mi - Young. University of Minnesota, MN, US, choi0157@umn. edu. The
      history of Korean school music education[J]. International Journal of Music
      Education. 2007,25(2):137 - 149.

[19]박미경. Current Status of Research on Performing Arts Culture in Deagu. [J].
      Music and Culture. 2015:81 - 103.

[20]李士娟,李开宇,李茜,等. 旅游景区演艺项目的空间组织与优化研究[J]. 河南科
      学,2013,31(06):920 - 924.

[21]毕剑. 基于空间视角的中国旅游演艺发展研究 [M]. 北京:中国经济出版

社.2017.

[22] 毕剑. 河南省旅游演艺的空间发展研究[J]. 河南理工大学学报(社会科学版), 2019,20(04)：39-46.

[23] 罗栋,程承坪. 旅游产业融合过程中的协同创新研究——以旅游与演艺产业融合为例[J]. 湘潭大学学报(哲学社会科学版),2015,39(01)：70-73.

[24] 余玲,刘家明,姚鲁烽,等. 中国实景演艺旅游资源时空格局研究[J]. 地理科学, 2019,39(03)：394-404.

[25] 杜蔚. 中国旅游演艺市场20年浮沉录：票房增速连续3年放缓盈利者不足一成 [N]. 每日经济新闻,2019-09-03(12).

[26] 展梦雪,孔少君. 基于网络文本挖掘的旅游演艺体验特征的比较研究——以《印象·刘三姐》《宋城千古情》和《藏谜》为例[J]. 旅游论坛,2016,9(03)：37-43.

[27] 李笑仪. 实景演出之内核：文化、生态和效益——以大理实景演出《希夷之大理》为例[J]. 戏剧之家,2019(22)：15+17.

[28] 王海燕,娄阳,苗壮,张震方. 舞台真实理论视角下的民族村寨旅游研究——以澜沧县老达保原生态实景演出为例[J]. 资源开发与市场,2020,36(03)：325-330.

[29] 唐黎. 闽南文化与旅游产业融合动力机制及对策研究——以《闽南神韵》剧院类文化旅游演艺产品为例[J]. 中南林业科技大学学报(社会科学版),2017,11 (05)：96-100.

[30] 张颖. 游客感知视角下旅游演艺体验满意度评价研究——以土楼全景剧场秀《家·源》为例[J]. 重庆文理学院学报(社会科学版),2017,36(01)：126-133.

[31] 张钰. 浅谈主题公园演艺产品现存的开发、运营问题及管理建议——以华侨城的主题公园演艺产品为例[J]. 艺术科技,2017,30(02)：334+392.

[32] 陈英杰,窦然,白雪. 主题公园型旅游演艺活动需求特征研究[J]. 合作经济与科技,2020(01)：115-117.

[33] 谢春山,邱爽. 观光旅游与度假旅游的差异分析[J]. 旅游研究,2015,7(04)：11-15+53.

[34] 蒋雅如. 演出机构经营性票价制定策略分析[J]. 艺术管理(中英文)，2019，No. 3(03)：145-153.

[35] 马颖忆，陆玉麒. 基于变异系数和锡尔指数的中国区域经济差异分析[J]. 特区经济，2011(05)：273-275.

[36] 陈原. 演出票价 降低有道吗[N]. 人民日报，2011-05-26(012).

[37] 靳紫威，侯军祥，王志敏. 旅游剧场的基本特点与创作探析[J]. 华中建筑，2008，26(12)：28-32.

[38] 崔凤军. 新冠肺炎疫情对文旅产业的冲击与对策——兼论文旅产业的敏感性与脆弱性[J]. 台州学院学报，2020，42(01)：1-5+48.

[39] 杨倩，卢新新. 基于游客体验的海南旅游演艺开发研究[J]. 现代商贸工业，2020，41(01)：19-20.

第六章 江苏城镇居民休闲消费质量测度及提升机制研究

第一节 研究背景

一、研究意义

1. 扩大休闲消费是经济社会高质量发展的实现路径

扩大居民消费是国家和政府的重要关注点,逐渐成为未来经济增长的主要动力,对国民经济的贡献率稳步提升。2011—2019 年,我国消费率平均为 53.4%,2020 年尽管受到新冠肺炎疫情的冲击,但最终消费支出占 GDP 的比重仍达到 54.3%。通过加强居民消费的引导和推动,切实增强消费对经济发展的决定性作用,不断提升居民休闲消费能力,是我国经济社会高质量发展的重要路径。

2. 提升休闲消费是供给侧结构性改革的终极目标

供给侧结构性改革的目标即是要通过调整经济结构,使要素实现最优配置,最终满足人们对于高质量消费的需求。通过供给侧结构性改革,

---

[作者简介]:刘松(1982—),男,山东邹平人,博士,常州工学院经济与管理学院副教授。

依托国内市场促进生产要素顺畅地流动,是构建新发展格局的要义所在。近些年,我国居民消费总量逐年上升,消费结构明显变化,医疗保健、教育、娱乐和旅游支出明显增加,休闲消费需求旺盛。然而我国供给市场还未能满足居民不断上涨的消费需求,尤其是不能充分满足多样化的休闲消费需求。大力实施供给侧结构性改革,满足和提升居民休闲消费,是当前我国社会经济发展面临的主要任务。

3. 完善休闲消费是消费结构转型升级的重中之重

"十四五"期间,要顺应消费升级趋势,进一步提升传统消费,积极培育新兴消费,持续激发潜在消费[1]。当前,我国居民消费形态发生显著变化,消费结构转型升级凸显,居民休闲消费意愿强烈。一是居民更多关注闲暇生活,享受型休闲消费比重极大提高。江苏城乡居民家庭消费专项调查显示,居民家用汽车拥有率为 26.1%,冰箱、洗衣机、热水器、空调、彩电、计算机、手机等耐用消费品家庭拥有率分别高达 96%、97%、94%、94.2%、98.3%、70.7%、56.5%,并且有 38.4% 的受访者有近期出游计划[2]。二是居民深度休闲活动参与频繁,摄影、观鸟、攀岩、露营、骑乘等深度休闲活动受到追捧,伴随深度休闲参与群体的大众化,深度休闲消费规模明显扩大[3]。

4. 发展休闲消费是后小康社会建设的重要内容

进入新时代,人民对生活的需要已经由原来生活资料"有没有"的数量层面转变为"好不好"的质量层面,由原来生活资料的单一层面转变为现在的多维层面,即人民对生活的需要已经由原来追求温饱层面转变为新时代追求美好层面[4]。不断提高享受资料和发展资料在消费结构中的比重,进一步提高休闲消费的质量仍然是后小康社会建设的主要目标,是现阶段引导居民消费的重点所在。

二、研究进展

（一）国外研究进展

国外学者开展休闲消费研究相对较早。所有休闲都含有某种消费，所有消费活动都含有某种休闲[5]。后续研究主要集中在以下三个方面。一是从经济学和社会学领域探讨居民休闲消费行为。经济学范畴关注休闲和消费的决策选择[6]、休闲和消费效用最大化的检验[7-8]。社会学范畴聚焦于休闲消费的动机和偏好[9-10]、休闲消费的特征和趋势[11-12]、休闲消费的体验和质量[13-14]。二是考察居民休闲消费的影响因素。研究发现主要在于：不同来源和形式的收入[15-16]；休闲消费观念和社会心理特征[17-18]。三是探索休闲消费与经济增长关系。针对休闲和消费的外部性展开理论探讨和实证检验，发现外部性以相对不同的方式影响长期均衡和最优增长率[19]。另有学者研究了生产、消费和休闲外部性条件下的最优税收政策[20]。

（二）国内研究进展

进入新世纪，休闲研究得到国内学者的更多关注，休闲消费相应进入哲学、社会学、经济学、统计学等领域研究视野。休闲与消费都具有经济学的性质，本质上是人的价值存在和全面发展的表现[21]。近20年来，相关研究成果主要集中在以下方面：一是休闲消费行为研究。包括：休闲消费概念、特征和意义讨论[22-23]；休闲消费理论模型构建[24-25]；休闲消费能力和结构考察[26-27]；休闲消费调查统计分析[28-29]。二是休闲消费影响因素识别。研究发现主要有：居民收入水平、消费环境、闲暇消费品及劳务供应、价值观和消费观[30-31]；工资率、非工资收入、工作时间变化[32]；休闲时间[33]。然而它并非仅仅受到单一因素影响，而是社会经济综合作用的结果[34-35]。三是休闲消费社会经济影响探讨。基于投入产出模型，有学者定量测度休闲消费对国民经济及各部门产出增长的贡献率变化[36]。另有研究认为，休闲消费不仅有助于总消费水平提升,也能够显著改善居民消费内部结构[37]。

（三）研究简评

可以看出,国内外学者针对休闲消费议题进行了跨学科、多领域和广维度的研究,呈现由浅入深、一般到具体、理论探讨到实证分析的基本轨迹。总体来看,经济学领域研究将休闲界定为时间概念,更多地从理论上分析休闲和消费的关系,探讨休闲消费对经济增长的影响。社会学、统计学领域研究将其视为一种个体活动,进而考察休闲消费行为本身及其影响因素。尽管研究文献较为丰富,但是对于休闲消费质量的内在机理分析相对较少,对休闲消费质量的有效提升关注不够。

第二节　江苏城镇居民休闲消费质量综合测度

一、江苏城镇居民休闲消费现状分析

基于现有有关消费的统计指标,居民休闲消费包含教育文化娱乐、医疗保健、交通通信、生活用品及服务、其他用品及服务等内容。进入新时代以来,江苏城镇居民休闲消费情况如表6-1所示。

表6-1　2012—2020年江苏城镇居民人均休闲消费支出情况(元)

城市	2012	2013	2014	2015	2016	2017	2018	2019	2020
苏州	12 560	11 893	13 015	14 148	14 799	15 516	16 572	17 524	16 313
南京	11 038	10 242	11 363	12 381	13 424	14 290	15 259	16 473	15 920
无锡	10 780	10 430	11 434	12 437	13 317	14 230	15 233	16 632	15 808

城市	2012	2013	2014	2015	2016	2017	2018	2019	2020
常州	10 234	9 160	10 102	11 084	12 106	12 849	13 788	14 785	13 678
南通	82 55	8 214	8 892	9 639	10 287	11 109	12 000	12 586	12 108
镇江	7 962	7 895	8 575	9 251	9 939	10 559	11 487	12 217	11 432
泰州	7 348	6 895	7 627	8 296	8 831	9 369	10 110	11 014	10 517
扬州	7 289	7 040	7 642	8 149	8 594	8 904	9 544	10 342	9 800
盐城	7 172	5 797	6 408	7 085	7 467	7 804	8 646	9 155	8 727
徐州	6 150	5 613	6 067	6 599	7 034	7 529	8 068	8 707	8 286
连云港	5 591	5 790	6 303	6 828	7 358	7 791	8 270	8 883	8 181
宿迁	5 201	4 825	5 302	5 848	6 300	6 650	7 155	7 873	7 572
淮安	6 734	5 289	5 882	6 410	6 941	7 295	7 897	8 243	7 489
地区	2012	2013	2014	2015	2016	2017	2018	2019	2020
苏北	6 268	5 501	6 037	6 605	7 059	7 445	8 071	8 638	8 153
苏中	7 737	7 517	8 189	8 850	9 410	10 013	10 797	11 528	11 023
苏南	11 087	10 476	11 511	12 531	13 381	14 170	15 144	16 237	15 316

从时间趋势上来看,除个别年份外,2012—2020 年江苏城镇居民人均休闲消费大致呈现稳步上升态势。分析认为,城镇居民人均休闲消费的明显波动主要受两个因素的重要影响,一是房地产调控政策的出台和完善,城镇居民可能会采取观望态度,一定程度上影响到休闲消费的意愿和规模;二是 2019 年末新冠疫情的暴发对城镇居民休闲消费带来极大不便,休闲消费数额显著减少。

从分地区情况来看,城镇居民人均休闲消费存在显著地区差距。苏州、南京、无锡、常州等城市居民人均休闲消费具有明显优势,城市间休闲消费数额相差近两倍之多。苏南、苏中、苏北城镇居民人均休闲消费呈递减规律,休闲消费数额差距相对较大。

二、测度指标体系构建

（一）主要指标识别

休闲消费质量是一定时期内居民为了满足休闲需要而进行消费的水平和能力,它是居民休闲消费需求和休闲消费意愿的综合反映,同时受到休闲市场供给和休闲消费环境的极大影响。具体而言,居民休闲消费质量可以通过休闲消费能力、休闲消费支出和休闲消费环境三个层面予以体现,它们之间的关系如图6-1所示。

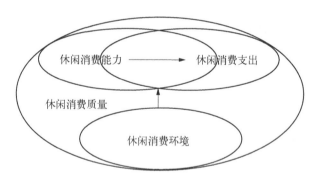

图6-1　休闲消费质量三个层面之间的关系

首先,休闲消费能力指的是居民进行休闲消费的支付能力和对休闲产品或服务的消化能力,它直接决定着居民休闲消费需求的最终实现。可以说,休闲消费能力在一定程度上反映的是居民休闲活动中能消费、会消费的问题,主要通过个人可支配收入增加和休闲技能提高作为基础和保证。一方面,随着居民收入尤其是可支配收入的不断提高,居民在满足基本生活需求前提下,相应休闲消费意愿会持续增强,更重要的是,居民拥有了实现消费意愿和完成休闲消费的支付能力。另一方面,现阶段休闲消费类型日趋多样化并不断推陈出新,休闲市场中部分消费内容需要具备一定的休闲知识、经验和技能方能完成,休闲知识的增加和休闲技能的提升自然成为休闲消费能力的重要表征。

其次,休闲消费支出反映的是居民休闲消费的现实需求,它是居民休闲消费质量的直观体现。场域—惯习理论认为,人们的行为具有某种惯性,惯习的倾向使行动者偏向于选择根据他们的资源和过去的经验最可能成功的行为方式。当前居民休闲消费支出行为,很大程度上会影响到未来休闲消费的水平和行为习惯,因此与居民休闲消费质量有着必然和密切的关联。需要说明的是,休闲消费支出结构反映了居民休闲消费质量的变化状况,是休闲消费内在构成合理化程度的重要标志,因而更加能够体现居民休闲消费质量的大小。此外,耐用休闲消费品如家用汽车、电脑、电话和电视机等是居民休闲消费的特定商品,它具有购买价格相对较高以及对居民休闲活动影响相对持久的属性,所以也是反映休闲消费支出的重要指标。

最后,休闲消费环境指的是居民休闲消费面临的宏观社会经济背景以及休闲公共供给状况,它是居民休闲消费质量大小的间接反映,在很大程度上影响着休闲消费质量的延展性。一是城市完备的休闲基础设施和优越的自然生态环境,能够为城镇居民休闲消费营造良好休闲氛围;二是相对较高的经济发展水平和成熟的城市服务业,为城镇居民休闲消费创造较好条件和保证;三是完善的养老、卫生、医疗等社会保障环境,又为城镇居民休闲消费消除了后顾之忧。因此,休闲消费环境的优劣在很大程度上影响着城镇居民休闲消费质量的延展程度。

（二）体系构建与指标选取

从上述休闲消费质量内涵剖析可以看出,城镇居民休闲消费质量测度系统由休闲消费能力、休闲消费支出和休闲消费环境三个子系统构成。遵循科学性、综合性、层次性和系统性原则,借鉴已有相关研究成果[38],本研究尝试构建由 3 个一级指标、9 个二级指标、30 个三级指标构成的休闲消费质量测度指标体系,以综合反映和评估城镇居民的休闲消费质量水平。

1. 休闲消费能力

休闲消费能力子系统包含支付水平和知识水平两个二级指标。支付水平通过城镇居民实际收入水平予以反映,涉及工资性收入、经营性收入、财产性收入和转移净收入四项内容。其中,工资性收入指的是居民通过各种途径得到的全部劳动报酬和各种福利;经营净收入指的是居民从事生产经营活动所获得的净收入;财产净收入指的是居民将其所拥有的金融资产、住房等非金融资产和自然资源交由其他机构单位、住户或个人支配而获得的回报并扣除相关费用之后得到的净收入;转移净收入是转移性收入与转移性支出的差额,转移性收入主要涉及各种经常性转移支付和住户之间的经常性收入转移,转移性支出主要涉及经常性或义务性转移支付。知识水平主要通过在校大学生数和教育经费支出予以衡量和反映。其中,这里的在校大学生主要是指普通高等学校在校的本科、专科学生。

2. 休闲消费支出

休闲消费支出子系统包含支出水平、支出结构和设备支出三个二级指标。支出水平主要通过人均消费支出和社会销售品零售总额两个指标予以测量。支出结构的衡量包含侧重体现休闲消费主要内容的教育文化娱乐、交通通信、医疗保健、生活用品及服务、其他用品及服务等发展型和享受型消费。另纳入城镇居民家庭恩格尔系数,从侧面体现休闲消费占城镇居民总消费的比例状况。设备支出主要反映的是城镇居民家庭耐用休闲消费品的拥有情况,包括城镇居民家庭年末彩色电视机、家用汽车、移动电话和家用电脑等的拥有量。

3. 休闲消费环境

休闲消费环境子系统包含经济环境、基础环境、社会环境和自然环境四个二级指标。经济环境主要通过人均地区生产总值和第三产业占地区生产总值比重两个指标予以衡量;基础环境主要通过城镇化率、公共图书馆数量和博物馆数量三个指标予以反映;社会环境则是通过养老保险参保人数、失业保险参保人数、基本医疗保险参保人数、每千人口医生数和每千人口医疗卫生机构床位数来综合体现;自然环境主要涉及建成区绿化覆盖率和人均公园绿地面积两个指标。

三、测度方法与数据来源

（一）测度方法

城镇居民休闲消费质量的测度主要经过以下三个步骤:首先是对休闲消费质量相关指标数据进行标准化处理,其次是对各项指标赋予合理权重,最后根据测度函数计算分年度各个省市休闲消费质量测度值。

1. 指标数据的标准化处理

为消除数据量纲不同造成的不利影响,首先需要对数据进行无量纲化处理。这里采用极差标准化的方法对数据进行标准化,指标数据趋大时采用正向指标处理,指标数据趋小时采用负向指标处理。数据处理公式如下。

$$\begin{cases} X'_{ij} = (X_{ij} - \min X_{ij})/(\max X_{ij} - \min X_{ij}) + 0.001 \\ X'_{ij} = (\max X_{ij} - X_{ij})/(\max X_{ij} - \min X_{ij}) + 0.001 \end{cases} \tag{1}$$

式中,X_{ij} 为第 i 省市第 j 项指标的原始数据,$\min X_{ij}$ 和 $\max X_{ij}$ 分别为第 i 省市第 j 项指标的最小值和最大值。为避免标准化数据出现负值或零值,在计算公式后整体加 0.001。

2. 采用信息熵方法计算指标权重

指标权重大小反映了该指标对于城镇居民休闲消费质量的影响程度,采用信息熵方法对休闲消费质量的各项指标进行权重赋值。具体过程如下:首先,计算第 i 省市第 j 项指标的比重: $P_{ij} = X'_{ij} / \sum_{i=1}^{m} X'_{ij}$;其次,计算每一指标的信息熵: $E_j = -K \sum_{i=1}^{m} (P_{ij} \times \ln P_{ij})$;再次,计算信息熵的冗余度: $D_j = 1 - E_j$;最后,计算指标权重: $W_j = D_j / \sum_{j=1}^{n} D_j$ 。其中, m 为省市个数, n 为指标数, $K = 1/\ln m$ 。

3. 休闲消费质量综合测度指数

根据指标权重及标准化数据值,计算休闲消费质量综合测度指数。通过对每一年度各个省市 30 个休闲消费质量三级指标数据的加权汇总得出其综合测度值。休闲消费质量综合测度函数形式如下。

$$F(LCQ) = \sum_{i=1}^{m} W_j X'_{ij} \tag{2}$$

（二）数据来源

着眼于全国省域层面,对江苏城镇居民休闲消费质量进行测度和考察。为此,本研究所需数据均采集自 1999—2020 年《中国统计年鉴》《中国城市统计年鉴》以及相关行政管理部门公开出版或官方网站发布的统计数据。个别缺失数据以相邻年份均值代替。其中,城镇化率由城镇常住人口占各省市常住总人口的比例计算得出。

四、测度结果分析

（一）测度指标权重赋值

运用信息熵的方法,1998—2019 年城镇居民休闲消费质量测度指标权重赋值结果如表6-2所示。可以得知,休闲消费能力、休闲消费支出和休闲消费环境子系统的指标权重赋值区间分别为[0.139,0.233]、[0.381,0.558]和[0.258,0.450],均值分别为0.190、0.436和0.374。

表6-2 1998—2019年城镇居民休闲消费质量测度指标权重

年　份	休闲消费能力	休闲消费支出	休闲消费环境
1998	0.178	0.396	0.426
1999	0.187	0.407	0.407
2000	0.195	0.381	0.423
2001	0.192	0.403	0.405
2002	0.139	0.411	0.450
2003	0.145	0.408	0.446
2004	0.146	0.420	0.434
2005	0.184	0.523	0.293
2006	0.233	0.426	0.341
2007	0.218	0.443	0.339
2008	0.200	0.438	0.362
2009	0.201	0.430	0.369
2010	0.205	0.464	0.331
2011	0.195	0.456	0.350
2012	0.193	0.430	0.377
2013	0.189	0.440	0.372
2014	0.198	0.422	0.380
2015	0.209	0.381	0.410

年　份	休闲消费能力	休闲消费支出	休闲消费环境
2016	0.215	0.382	0.403
2017	0.186	0.462	0.351
2018	0.184	0.558	0.258
2019	0.179	0.515	0.306

分析发现,休闲消费支出子系统指标权重相对较大,而休闲消费能力子系统指标权重相对较小。这充分表明,休闲消费支出在反映城镇居民休闲消费质量方面尚占据较为重要的地位。可能的原因在于,一是休闲消费支出依然是休闲消费质量最直接的衡量指标,对于休闲消费质量的重要程度不言而喻;二是休闲消费环境是休闲消费活动开展的基础和保障,它除了有助于城镇居民休闲消费实现之外,还为城镇居民的公共休闲活动提供必要条件,因而使得其在休闲消费活动方面的重要性有所减弱;三是休闲消费能力中的支付水平显然对休闲消费产生极为重要的影响,然而随着信贷政策利好以及居民休闲消费观念变迁,收入并非始终是制约休闲消费的核心因素,同时,由于当前我国休闲教育仍显缺失,城镇居民对于休闲知识、经验和技能水平的重视程度还不够充分。

从1998—2019年城镇居民休闲消费质量测度指标权重变化来看,可以得出如下三点结论:第一,休闲消费能力、休闲消费支出和休闲消费环境子系统的指标权重在长期内基本保持在相对稳定水平,权重值变化幅度均在0.2以内。第二,从子系统指标权重自身变化趋势来看,2002—2006年休闲消费能力权重值波动较为明显,尤其是在2002—2005年间所占比重有所下降;休闲消费支出权重值在多数年份保持在0.4以上水平,不过自 2014 年以来权重值有所回落;休闲消费环境指标权重在 2005 年有较大幅度的下降,之后呈现缓慢提升态势。第三,从子系统指标权重比较来看,休闲消费支出与休闲消费环境指标权重出现交叉提升现象,2005—2014 年间休闲消费支出权重值明显高于休闲消费环境权重值,但是从变化趋势上也不难看出,两者之间差距在逐渐缩小并有交替上升的可能,也就是说,休闲消费环境和休闲消费支出对于激发城镇居民休闲消费质量将会变得同样重要。

（二）时序变化分析

基于上述测度过程和方法,1998—2019 年江苏城镇居民休闲消费质量测度结果如表 6-3 所示。

表 6-3　1998—2019 年江苏城镇居民休闲消费质量综合测度结果

时间	1998	1999	2000	2001	2002	2003	2004	2005
江苏	31.87	29.98	31.19	31.94	32.27	33.94	33.39	47.09
时间	2006	2007	2008	2009	2010	2011	2012	2013
江苏	50.42	50.46	50.75	51.37	52.88	55.48	56.34	55.33
时间	2014	2015	2016	2017	2018	2019	—	—
江苏	55.55	56.60	54.78	57.74	59.06	52.99	—	—

为了更加清晰地把握 1998—2019 年江苏城镇居民休闲消费质量时序变化特征,以 2005 年和 2012 年为界限分三个阶段考察城镇居民休闲消费质量的发展变化状况。分析认为,江苏城镇居民休闲消费质量变化大致经历质量初显期、快速提升期和平稳增长期三个阶段（图 6-2）。

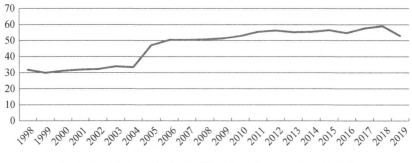

图6-2 1998—2019年江苏城镇居民休闲消费质量的变化

1. 质量初显期(1998—2004年)

从表6-2统计结果可以看出,这一阶段江苏城镇居民休闲消费质量处于[29.98,33.94]区间内,整体而言城镇居民休闲消费质量仍显偏低。分析认为,导致这种状况出现的原因主要有以下三点:第一,从宏观经济政策导向来看,我国此阶段仍采取以投资、出口为主的经济增长方式。虽然2000年前后我国也通过实行"黄金周"制度确立旅游业支柱产业地位以及发展假日经济,以此大力促进居民消费以激发市场经济活力,不过这对居民休闲消费质量的发展仍显乏力。第二,经济发展和居民收入水平还远不能为休闲消费快速提升提供全面和强有力的支撑。2005年以前我国GDP增长还较为缓慢,尽管2001年人均GDP既已突破1 000美元,然而2004年仅为1 509美元,这与世界主要发达国家差距仍较明显。具体来看,美国人均GDP已达402 926美元,是我国的26.7倍;日本人均GDP达到36 442美元,是我国的24.15倍。第三,休闲基础设施、产品和服务供给仍显不够,全社会休闲氛围营造亟须加强。在这一阶段,城市公园数量和面积还未达到一定规模,图书馆、博物馆等文化休闲场所利用率仍然偏低,城镇居民的休闲习惯尚未形成。城市休闲氛围不足对居民休闲消费频率和热情产生消极影响,使得城镇居民休闲消费质量难以得到彰显。

2. 快速提升期(2005—2011 年)

此阶段,江苏城镇居民休闲消费质量处于[47.09,55.48]区间内,与上一时期相比,休闲消费质量测度值呈现明显的提升和增长。之所以出现这样的变化,原因主要有以下几个方面。

第一,伴随扩大内需长期战略的进一步落实,消费在国民经济中的地位日益突出。居民消费率稳步提高并形成消费、投资、出口协调拉动的增长格局,已成为这一阶段国家社会经济发展的重要目标。优化居民消费结构,初步建立居民最低生活保障制度,增强居民消费对经济增长的拉动作用,成为这一时期党和国家的重要任务。《中国国民经济和社会发展十一五(2006—2010 年)规划纲要》明确强调,要适应居民消费结构升级的趋势,努力发展面向消费者的服务业,满足多样化的服务需求,这使得商贸服务业、旅游业、文化产业、体育产业等得到了长足发展。

第二,居民人均 GDP 持续增长,休闲消费支付能力显著增强。2008 年居民人均 GDP 突破 3 000 美元,2010 年已接近 5 000 美元,与主要发达国家的差距正在逐步缩小。相应地,城镇居民人均休闲消费额也由 2004 年的 3 052.18 元上涨到 2010 年的 5 890.27 元,休闲消费质量得以充分彰显。

第三,城市休闲环境得以改善,社会保障水平全面提高。从休闲消费质量测量指标来看,2010 年我国城镇化率达到 49.95%,较 2005 年提高了近 10 个百分点,建成区绿化覆盖率和人均公共绿地面积分别提高 4 个百分点左右。养老保险、失业保险、基本医疗保险等参保人数显著增加,医疗卫生条件得到较好改善。尤其需要说明的是,2008 年中宣部、文化部等四部委联合下发《关于全国博物馆、纪念馆免费开放的通知》,这对于城市休闲环境优化、休闲氛围营造、休闲消费激发无疑起到推波助澜的作用。

3. 平稳增长期(2012—2019 年)

这一时期,江苏城镇居民休闲消费质量处于[52.99,59.06]区间内,与上一时期相比,休闲消费质量测度值总体上仍有一定增长,原因分析如下。

第一,进一步释放居民消费质量和实现消费结构转型升级,成为新常态下国民经济发展的必然选择。加快转变经济增长方式,大力发展包括休闲产业在内的现代服务业,是近年来国家扩大内需战略实施的重点。2015 年我国提出加强和推进供给性结构性改革,其目标也在于以供给改善和创新更好地满足、创造消费需求,进而不断增强消费拉动经济的基础性作用。休闲消费涵盖居民消费的诸多内容,在居民消费呼声日渐高涨社会背景下,休闲消费的稳步增长已成必然趋势。

第二,社会经济快速发展和收入水平不断攀升,为居民休闲消费扩张注入了持续动力。自 2010 年开始我国 GDP 总量超过日本,成为仅次于美国的世界第二大经济体。同时,居民人均 GDP 在 2011 年突破 5 000 美元,2015 年又突破 8 000 美元。2016 年江苏人均 GDP 已超过 1 万美元,增长速度可见一斑。可以看出,国民经济发展和社会稳定繁荣,进一步增强了城镇居民休闲消费的信心,为休闲消费质量释放创设了良好的外部环境。

第三,多个地区在发展休闲产业、增加休闲供给和扩大休闲消费方面逐步落实实施计划和工作细则,使得休闲消费质量提升步伐日渐加快。随着《国民旅游休闲纲要(2013—2020 年)》的颁布实施,各省市在休闲基础设施建设和休闲产业引导上加大力度。2014 年国务院发布《关于促进旅游业改革发展的若干意见》,各地区在旅游休闲产业发展上不断加大投入。需要说明的是,2019 年突发新冠疫情,这对江苏城镇居民休闲消费质量产生了显著不利影响。

第三节　城镇居民休闲消费质量
影响的机制与实证分析

一、城镇居民休闲消费质量的影响机制

基于传统消费函数理论,沿着收入—消费关系主线,分析影响休闲消费质量的内外诸因素,有助于探查居民休闲消费质量的影响机理,以及寻求休闲消费质量释放的切入点和突破口。

(一)居民收入水平是休闲消费质量的基础条件

首先,休闲消费质量对收入依赖程度相对较高。衣物、食品和住房属于基础型消费,而休闲消费具有发展型和享受型特点。在居民收入水平相对较低情况下,基础型消费是首要消费内容,因此休闲消费质量受到限制。其次,休闲消费质量与收入水平呈动态变化。伴随人们生活质量要求的提高,居民休闲消费需求得以凸显,休闲消费范围不断扩大,休闲消费质量日趋增强。最后,收入水平对休闲消费质量产生差异性和复杂化影响。随着居民收入水平不断提高,休闲消费形式选择呈现较大差别,然而可以确认的是,居民休闲消费可能性大幅增加。

(二)居民生活成本是休闲消费质量的约束因素

居民消费大致包含生活性支出和休闲消费两部分内容。生活性支出主要以满足人们日常生活需要为基本目的,它通常具有一定刚性,生活成本的变化会使得生活型支出发生同方向调整,进而对居民休闲消费空间产生反方向影响。从外部因素分析来看,物价水平上涨和家庭结构变化等均对居民生活成本带来直接影响,需要指出的是,居民的食品、衣物等消费具有较大选择空间,与之相对,住房消费在某种程度上属于刚性需

求,因此住房价格波动成为导致居民生活成本变化的主要原因。然而,通过缩小贫富差距、健全和完善社会保障体系、防止房价过快上涨等努力,继续逐渐提升消费对 GDP 的贡献度应该具有一定的空间[39]。

（三）家庭固定资产是休闲消费质量的重要保障

随着城镇化进程持续加快和住房价格不断攀升,住房资产在居民固定资产中所占比重明显加大。固定资产是家庭资产中最重要的组成部分,占家庭总资产的比重超过 85%,远远大于金融资产的占比[40]。现金、储蓄存款等金融资产规模很大程度上受到居民收入水平的直接影响,而固定资产尤其是住房资产规模对居民休闲消费作用明显,直接影响居民休闲消费质量。

（四）居民家庭负担是休闲消费质量的主要制约

居民收入水平提升和家庭财富增加,在某种程度上能够为居民休闲消费质量拓宽空间,住房价格上涨则可能产生推动和抑制两方面截然不同的影响效应,而居民家庭负担的加重更多的则是制约居民休闲消费质量提升。其中,人口年龄结构的变动尤其是少儿和老年抚养比的不断上涨,一定程度上加重了居民家庭生活负担,然而它对居民休闲消费质量可能存在正反两个方向的影响。

（五）居民消费意愿是休闲消费质量的推动力量

居民休闲消费质量除了受上述客观因素影响外,主观休闲消费意愿也是居民休闲消费质量的重要影响因素之一。需要指出的是,居民休闲消费意愿是一种相对复杂的心理过程,同样受到内外诸多层面因素的影响,其中居民消费习惯、消费观念和消费文化等与居民休闲消费意愿紧密相关。

不难看出,收入水平和家庭固定资产能够为居民休闲消费质量提供物质条件和重要基础,居民生活成本和家庭负担变化产生多元化和差异性影响,休闲消费意愿在主观层面影响居民休闲消费的规模和结构并进而对休闲消费质量施加作用。需要指出的是,休闲消费环境、社会保障水平等外部因素也间接影响居民休闲消费质量。当然从供给角度来讲,休闲供给水平是居民休闲消费的必要条件和基本门槛,在一定程度上决定休闲消费质量的上限。休闲消费质量影响机理分析框架如图6-3所示。

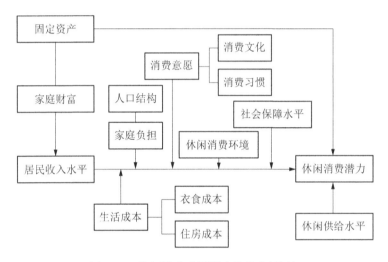

图6-3　休闲消费质量影响机理分析框架

二、江苏城镇居民休闲消费质量影响因素实证分析

进一步构建计量模型以实证检验住房价格波动和人口年龄结构变化对城镇居民休闲消费质量的影响。

（一）计量模型设定

根据上文的梳理和分析,我们设定基准回归模型如下:

$$\text{lcq}_t = \beta_0 + \beta_1\,\text{house\_price}_t + \beta_2\,\text{chi\_ratio}_t \\ + \beta_3\,\text{old\_ratio}_t + \theta\,X_t + \varphi T + \varepsilon_t \tag{3}$$

式中，t 表示年份，lcq_t 表示第 t 年城镇居民休闲消费潜力，house_price$_t$ 表示第 t 年商品房销售价格的对数，chi_ratio$_t$ 表示第 t 年城镇少儿抚养比，old_ratio$_t$ 表示第 t 年城镇老年抚养比。X 为影响城镇居民休闲消费潜力的一组控制变量，包括城镇居民人均可支配收入、固定资产价值、社会保障水平、休闲供给水平、休闲消费意愿和休闲消费环境。在参考已有研究文献以及考虑数据可得性基础上，本文还加入其他几个控制变量，包括受教育水平、城镇化水平、政府支出比重和收入分配状况等，T 为时间趋势项，ε_t 为误差项。

（二）变量选取与说明

城镇居民休闲消费质量是本研究的核心被解释变量，主要通过由休闲消费能力、休闲消费支出和休闲消费环境构成的指标体系予以综合测度。核心解释变量有：反映城镇人口年龄结构的少儿抚养比和老年抚养比，以及反映城镇居民住房成本的商品房销售价格。控制变量选取说明如下。

1. 人均可支配收入

收入与消费关系是消费理论的重要基石，人均可支配收入（disp_income）是城镇居民持久收入的重要指标和主要组成部分，它代表着城镇居民进行休闲消费的"购买力"，直接决定着休闲消费的水平及质量。

2. 固定资产价值

根据前述分析，将住房资产价值（value_house）纳入分析。住房资产价值反映了城镇居民的家庭财富水平，财富水平除了关系到城镇居民休闲消费购买力外，还会影响到休闲消费的意愿和习惯，进而对休闲消费质量产生重要影响。

3. 社会保障水平

本研究用社会保障支出占政府财政支出比重（sse_ratio）来反映城市

社会保障水平。城镇社会保障制度的日益完善和社会保障水平的不断提高,能够为城镇居民的休闲消费免除后顾之忧和创造必要条件,一定程度上能够增强城镇居民扩大休闲消费的信心,进而影响到休闲消费质量的变化。

4. 休闲供给水平

供给和需求分处产业发展的两端,两者相辅相成、互相促进。城镇居民休闲消费受到来自城镇休闲供给水平的直接影响,因而休闲供给水平高低关系着城镇居民休闲消费的质量大小。从某种意义上来讲,休闲产业更多地被列入第三产业的范畴,产业结构的变化尤其是产业结构的升级能够体现休闲供给水平的提高,从而对城镇居民休闲消费质量产生影响。因此,以第三产业占比(indus_ratio)反映城镇产业结构状况,对产业结构与城镇居民休闲消费质量关系进行考察。

5. 休闲消费意愿

作为一项主观指标,城镇居民休闲消费意愿的测量存在一定困难。在遵循数据代表性和可得性原则下,选择城镇居民休闲消费增长率(lcg_ratio)作为代理变量。城镇居民各期休闲消费的增长和变化,从侧面反映和预示着休闲消费的意愿程度,进而从主观层面对休闲消费质量水平产生影响。

6. 休闲消费环境

休闲消费环境是城镇居民休闲消费质量的重要影响因素,用居民消费价格指数(cpi)表示。居民消费价格指数是反映与居民生活有关的消费品及服务价格水平变动情况的重要宏观经济指标。一方面,居民消费价格指数能够通过影响城镇居民实际收入水平,进而引起休闲消费购买能力的变化;另一方面,居民消费价格指数还能够间接影响资本市场(如股票市场、期货市场、资本市场、金融市场),从而对城镇居民休闲消费投入量及质量发挥作用。

7. 受教育水平

教育是人力资本投资的主要形式,一方面,经验研究认为教育程度与居民收入水平具有正相关关系,从而对休闲消费水平带来影响。另一方面,受教育水平(education)提高在一定程度上会引起人们消费观念和消费习惯的变化,进而影响到消费结构的变迁,其中更为可能的是能够带来休闲消费的增加。沿用陆铭(2013)的做法[41],采用教师数与学生数之比作为受教育水平的代理变量。

8. 城镇化水平

一般而言,城镇化水平(urbanlization)用城镇化率来衡量,它指的是城镇常住人口占总人口的比重。伴随城镇化进程的不断推进,城镇休闲公共设施进一步完善,休闲服务供给水平不断提高,相应地,城镇居民休闲消费的个性化需求日益呈现多样化,这对于城镇居民休闲消费质量无疑产生重要影响。

9. 政府支出比重

政府支出比重(gov_gdp)是指政府财政支出占城镇 GDP 的比重大小反映出政府财政反哺城镇和居民的程度。政府财政支出的增加将会直接影响城镇社会经济的总需求水平,其中对于城镇居民文化教育、医疗保健等休闲消费的影响更大。

10. 收入分配状况

收入分配状况(income_ratio)是采用城镇居民人均可支配收入与农村居民人均纯收入之比作为替代指标。城乡居民收入分配情况能够影响到城镇和农村人财物的交互流动程度,影响到城镇产业结构和居民消费结构的调整,进而也会影响城镇居民休闲消费质量的变化。

(三)数据来源及描述性统计

本研究所涉及的变量数据来源情况如下:休闲消费质量数据由前

文综合测度得到；少儿抚养比、老年抚养比原始数据主要来自1999—2020年《江苏统计年鉴》，部分年份数据经计算得到；商品房销售价格、住房资产价值的原始数据主要来自1999—2020年《中国房地产统计年鉴》；其他控制变量原始数据均来自1999—2020年《江苏统计年鉴》《中国城市统计年鉴》，以及相关行政管理部门公开出版或官方网站发布的统计数据，部分变量数据经计算得到。变量数据的描述性统计如表6-4所示。

表6-4　描述性统计表

变　　量	样　　本	均　　值	最小值	最大值
lcp	22	48.814	29.984	64.866
house_price	22	10.106	−0.825	24.332
chi_ratio	22	19.414	13.240	28.480
old_ratio	22	14.812	8.840	18.560
disp_income	22	9.908	8.785	10.880
value_house	22	7.817	5.279	9.873
sse_ratio	22	6.758	1.267	13.010
indus_ratio	22	40.276	34.060	52.530
lcg_ratio	22	9.144	−9.469	26.015
cpi	22	101.999	98.382	105.364
education	22	6.723	5.394	9.234
urbanlization	22	57.006	28.951	73.400
gov_gdp	22	10.788	6.296	13.816
income_ratio	22	2.276	1.871	2.568

（四）估计方法及结果

本研究使用上述数据，对构建的时间序列模型进行计量分析。首先，分别采用 DF、ADF 和 PP 检验方法对全部变量进行单位根检验，结果显示，lcq、chi_ratio、old_ratio、disp_income、indus_ratio、cpi、education、urbanlization、gov_gdp、income_ratio 均为平稳时间序列，变量 house_price 和 value_house 为一阶单整时间序列，经过一阶差分后为平稳时间序列。因此，对变量 hosue_price 和 value_house 进行差分处理，分别表示第 t 年商品房销售价格的增长率和第 t 年固定资产价值的增长率。将差分处理后的数据代入基准模型，回归结果见表 6-5。

表6-5　模型回归结果

	(1) lcq	(2) lcq	(3) lcq	(4) lcq
house_price	1.733＊＊＊ (2.589)	3.706＊＊＊ (2.672)	2.220＊＊＊ (2.740)	2.731＊＊＊ (2.643)
chi_ratio		−1.666＊＊＊ (0.483)	−0.907＊＊＊ (0.351)	−1.685＊＊ (0.688)
old_ratio		1.125＊ (0.548)	1.389＊＊ (0.583)	3.223＊＊＊ (0.924)
disp_income			37.037＊＊＊ (11.614)	30.143＊＊ (13.995)
value_house			2.107＊ (1.123)	2.254＊＊ (1.099)
sse_ratio			0.768＊＊ (0.312)	0.899＊＊ (0.399)
indus_ratio			0.195＊＊ (0.085)	0.177＊＊＊ (0.052)

续　表

	(1) lcq	(2) lcq	(3) lcq	(4) lcq
lcg_ratio			0.328＊＊＊ (0.125)	0.254＊＊ (0.081)
cpi			0.969＊＊ (0.472)	0.856 (0.418)
education				3.203＊＊ (1.073)
urbanlization				0.973＊ (0.453)
gov_gdp				0.886＊＊ (1.243)
income_ratio				29.588＊＊＊ (9.861)
T	1.591＊＊＊ (0.150)	1.508＊＊＊ (0.340)	3.386＊＊＊ (1.153)	2.803＊＊ (1.344)
_cons	−31.941＊＊＊ (11.801)	−93.183＊＊＊ (17.268)	58.380＊＊ (25.245)	54.161＊ (28.028)
N	22	22	22	22
Adj R²	0.840 2	0.895 0	0.964 9	0.979 0
F	56.21	45.75	36.62	76.13
P	0.000 0	0.000 0	0.000 0	0.000 0

由表6-5的回归结果可以看出,依次加入控制变量后,尽管核心解释变量住房价格、少儿抚养比和老年抚养比对城镇居民休闲消费质量影响的方向并未发生变化,并且均在1％、5％和10％的显著性水平上通过检验。具体可以从以下几方面进行分析。

　　首先,住房价格对城镇居民休闲消费质量的影响为正,也就是说,随着住房价格的上涨城镇居民休闲消费质量相应提升。结合前述住房价格影响城镇居民休闲消费质量的机制分析,认为住房价格波动对于城镇居民休闲消费质量变化具有相对较大的财富效应和抵押品效应。需要指出的是,我们并不能排除和避免住房价格波动的挤出效应,而只是表示财富效应或抵押品效应较挤出效应更为明显。

　　其次,少儿抚养比对城镇居民休闲消费质量的影响为负,也就是说,少儿抚养比增加一定程度上带来城镇居民休闲消费质量的下降。不难看出,这一结论并没有对家庭储蓄需求模型给予充分的实证支持。根据家庭储蓄需求模型,子女数量增加会使得储蓄减少,从而消费总量有所增加,但是实证结果表明,城镇家庭子女数量增加反而带来休闲消费质量一定程度上的降低。在这里,可能的解释如下:一方面,随着我国社会经济发展和文明程度的提高,城镇居民家庭在子女人力资本投入方面持续加大,相应地,子女数量增加会使得现实休闲消费需求尤其是文化教育消费明显增加,然而这在很大程度上会压缩城镇居民未来休闲消费的质量空间,带来城镇居民休闲消费质量的下降。另一方面,子女数量增加会强化城镇居民的谨慎消费心理,他们很大可能会为满足未来消费之需增加现期储蓄,这就会对当期休闲消费产生负向影响。从现实情况来看,受我国传统文化影响,父母在子女抚养和照料方面承担着相对较大的压力,这就使得城镇居民的休闲消费行为更为谨慎和保守。

　　最后,老年抚养比对城镇居民休闲消费质量的影响为正,也就是说,老年人口比重增加带来城镇居民休闲消费质量的相应提高。可以看出,这一结论支持了生命周期假说的理论解释。休闲产业发展和休闲氛围营造为城镇居民创设了更为优越的休闲消费外部条件,加上老年群体自身具备进行休闲消费时间和金钱上的主观保障,同时因生命周期所处阶段的关系,年龄增大使得老年人对于医疗保健等的休闲消费需求更加旺盛。上述种种原因均可以解释老年抚养比对休闲消费质量的积极影响。

从表6-5模型(4)中核心解释变量对城镇居民休闲消费质量影响的系数大小可以看出,老年抚养比变化对城镇居民休闲消费质量有着相对较大的影响。具体而言:住房价格每上升1个百分点,休闲消费质量提高2.731个百分点;少儿抚养比每下降1个百分点,休闲消费质量提高1.685个百分点;老年抚养比每增加1个百分点,休闲消费质量提高3.223个百分点。分析原因如下。

第一,我国社会老龄化趋势日益加重,除了老年人自身更加具备休闲消费的基础和条件外,休闲供给行业意识到老年群体市场质量极大,因此他们竭力完善休闲产品和服务体系,以满足老年群体不断扩大的休闲消费需求,从而使得休闲消费质量发生较大变化。

第二,从住房价格波动对城镇居民休闲消费质量的影响来看,一方面,我国目前房产市场仍不够稳定,住房价格的波动较大和持续上扬使得城镇居民的不可预期心理和谨慎消费行为表现较为突出,这在一定程度上对城镇居民休闲消费质量产生挤出作用。但是另一方面,我国长期以来经济社会环境保持稳定和繁荣,居民对于未来生活有着更好的预期,加上现代休闲时尚文化对城镇居民消费观念的冲击以及居民对于美好生活需要的不懈追求,使得休闲消费质量仍朝着积极方面发展。需要说明的是,挤出效应与财富效应、抵押品效应这种"此消彼长"的作用,使得住房价格对城镇居民休闲消费质量的积极影响程度局限在相对较小的范围。

第三,从少儿抚养比对城镇居民休闲消费质量的影响来看,一方面子女数量增加导致居民产生相对较强的储蓄动机和谨慎消费心理,另一方面由于子女人力资本投入包含了较多的休闲消费内容,这也会对休闲消费质量带来一定积极影响,因此从最终结果可以看出,少儿抚养比对城镇居民休闲消费质量具有相对较小的负向作用。

在其他变量的影响方面,人均可支配收入(disp_income)正向影响城镇居民的休闲消费质量,且在5%的显著性水平上通过检验,这也说明居民收入仍然是休闲消费及质量的重要基础和保证。住房资产价值(value_house)对城镇居民休闲消费质量存在相对较大的正向影响,且在5%的显著性水平上通过检验,可以认为住房资产价值对休闲消费质量表现出较为明显的财富效应。休闲消费增长率(lcg_ratio)正向影响城镇居民休闲消费质量,且在5%的显著性水平上通过检验,说明城镇居民休闲消费行为具有一定惯性。居民消费价格指数(cpi)未能在10%的显著性水平上通过检验,但是能够看出其对休闲消费质量发挥正向作用,说明城镇居民休闲消费质量与消费环境尤其是价格环境具有一定关联,不过居民对它的敏感性表现不是非常强烈。社会保障支出占政府财政支出比重(sse_ratio)、政府支出占GDP比重(gov_gdp)、第三产业占比(indus_ratio)、城镇化水平(urbanlization)对城镇居民休闲消费强烈存在相对较小的正向影响。受教育水平(education)正向影响城镇居民休闲消费质量,且在5%的显著性水平上通过检验,说明休闲消费质量在很大程度上会随着社会文明程度的进步而不断提高。城乡收入比(income_ratio)对城镇居民休闲消费质量产生较大正向影响,且在1%的显著性水平上通过检验,均表明城镇的发展繁荣和城镇化进程的加快极大地影响着休闲消费质量,换句话说,在城镇休闲产业和休闲消费发展过程中,乡村对城镇发挥着较为显著的推动作用。

从上述分析中也不难得出一些提示性的结论:一方面,若老年化和少子化趋势能够持续,老年抚养比不断上升、少儿抚养比不断下降,那么城镇居民休闲消费质量将会出现进一步的提升。另一方面,由于住房价格对于其他经济因素的反应更为敏感,同时在住房价格波动下城镇居民的消费心理具有一定复杂性、差异性和不稳定性,因此住房价格波动对于城镇居民休闲消费质量的未来影响尚不明朗。但是就目前来讲,住房价格波动对城镇居民休闲消费质量影响的财富效应较挤出效应体现更为明显。

第四节　结论与建议

一、研究结论

通过构建休闲消费质量评价指标体系对城镇居民休闲消费质量进行了综合测度。基于城镇居民休闲消费质量影响机理的探讨,实证研究了住房价格波动和人口年龄结构变化对江苏城镇居民休闲消费质量的影响。主要结论如下。

第一,江苏城镇居民人均休闲消费大致呈现稳步上升态势,然而存在显著地区差距。苏州、南京、无锡、常州等城市居民人均休闲消费具有明显优势,苏南、苏中、苏北城镇居民人均休闲消费呈递减规律,休闲消费数额差距相对较大。

第二,休闲消费能力、休闲消费支出和休闲消费环境能够综合反映和评估城镇居民休闲消费质量。从权重变化来看,休闲消费支出在彰显城镇居民休闲消费质量方面地位更加突出,然而休闲消费环境的重要性在日益凸显。实证分析认为,江苏城镇居民休闲消费质量先后经历了质量初显期、快速提升期和平稳增长期三个阶段。不过 2019 年突发新冠疫情,无疑会对城镇居民休闲消费质量产生显著不利影响。

第三,居民收入水平、居民生活成本、家庭固定资产、居民家庭负担和休闲消费意愿是影响城镇居民休闲消费质量的主要因素。居民收入水平和家庭固定资产能够为城镇居民休闲消费提供物质条件和重要基础,居民生活成本和家庭负担对休闲消费质量产生多元化和差异化影响,而居民休闲消费意愿在主观层面对休闲消费的规模和结构产生制约作用,进而对休闲消费质量施加影响。

住房价格和人口年龄结构影响休闲消费质量的机制分析认为:住房价格主要通过财富效应、挤出效应和抵押品效应三个渠道对城镇居民休闲消费质量产生综合影响;人口年龄结构主要基于生命周期假说和家庭储蓄需求模型的微观机制对休闲消费质量施加影响,以及通过休闲供给、产业结构、经济增长等外部因素间接影响休闲消费质量。

第四,近二十年来我国城镇住房价格持续上扬且地区差异特征明显,人口年龄结构出现重要调整,老龄化和少子化趋势显现,这对城镇居民的休闲消费质量产生重要影响。计量分析结果显示,住房价格和老年抚养比正向影响城镇居民休闲消费质量,而少儿抚养比则具有显著负向影响。分析认为,住房价格对休闲消费质量表现出明显的财富效应和抵押品效应;老年人口增加有助于促进城镇居民休闲消费质量的提高;子女数量增加一定程度上对休闲消费质量产生抑制作用。

因此,做出如下推断:一方面,若我国老龄化和少子化趋势能够持续,那么城镇居民休闲消费质量将会进一步提升;另一方面,由于住房价格波动极具敏感性,同时住房价格波动下城镇居民消费心理有着一定复杂性、差异性和不稳定性,所以住房价格波动对休闲消费质量的未来影响尚不明朗。但是就当前情况而言,住房价格波动的财富效应较挤出效应体现更为明显。

二、政策建议

(一)注重需求侧管理,合理引导居民休闲消费

从休闲消费涉及的主要内容来看,以下三个方面需要做好重点引领。

　　第一，文化娱乐消费。从学理层面来说，休闲与文化存在某种必然的联系，休闲之于个人的目的意义与文化活动内容具有良好契合。从实践层面来讲，西方社会更多地将休闲与文化纳入同一范畴，而我国也愈加重视它们间的密切关系，旅游休闲与文化的融合发展即是很好的例证。因此可以说，文化休闲是居民休闲消费的核心内容，政府应结合地区发展实际和文化现状，重点抓好产业规划、营销宣传、政策保障等方面工作。需要指出的是，娱乐文化是社会文化的重要内容，娱乐消费也是居民休闲消费的主要方面，然而现阶段我国社会悄然出现泛娱乐化甚至是过度娱乐化倾向，这对社会经济发展带来双重影响，需要从文化精神层面做出恰当合理的指引，真正满足居民休闲需求进而对社会经济发展发挥拉动作用。

　　第二，教育培训消费。教育消费与一般性商品及服务消费具有不尽一致的特性，更多的是为了满足人们精神和发展的需要。一般认为，衣食等基本型需求得到满足后，享受型和发展型需求上升，教育消费成为居民休闲消费的重要内容。原因在于，居民收入水平提升使得教育消费等发展型需求受到重视，同时由于社会和市场竞争渐趋激烈，终身学习和人力资本持续投资趋势明显。当前除了政府增加教育投入、学校扩大招生规模以刺激居民教育消费外，社会各类教育培训的潮流日盛。因此，政府应加以管控和引导，保障教育培训的规范有效，从而避免和杜绝教育培训的盲目性。

　　第三，医疗保健消费。医疗保健消费包括治病就医花费和养生保健消费，其中治病就医花费具有一定刚性，对居民休闲消费产生"挤出效应"，因此医疗保健消费引导应侧重养生保健等健康消费内容。政府和产业界需要结合大数据统计分析，采取有效和针对性措施切实激发和满足居民医疗保健的消费需求。此外，不断完善居民休闲消费环境，培养居民休闲消费理念和习惯。加快发展消费信贷，建立消费市场环境优化机制，营造消费者想消费、敢消费的市场氛围,进一步提高居民休闲消费积极性。

(二)加强全方位休闲建设,保障居民休闲供给

第一,积极发展传统休闲产业。目前,休闲产业的类型和范畴在国内外并没有严格的界定和划分,但是从各国发展实践和统计规则上可以大致梳理休闲产业所涵盖的基本内容。联合国统计委员会、北美产业分类系统(North American Industry Classification System,NAICS)均将艺术、娱乐和游憩作为单独的产业门类。澳大利亚国家统计局制定了专业的文化与休闲分类标准,包括遗产、艺术、运动体育休闲、其他文化和休闲等内容。英国经济活动标准产业分类涉及住宿和餐饮、信息和通信、管理和支持服务、艺术娱乐和游憩等相关类别。总体上看,传统休闲产业基本包含艺术、娱乐、文化、体育、博彩、住宿、餐饮、交通、购物、信息、会展、游憩等产业门类[43]。政府应针对上述产业门类,做好战略规划,突出发展重点,实现产业结构的调整和优化。

第二,高度重视新兴休闲产业。近年来,伴随社会变迁、科技发展以及居民生活的重大变化,新兴产业层出不穷,其中与休闲产业相关内容众多。在未来很长一段时间,除了云计算、大数据、人工智能、机器人、新能源、新材料、生命技术与生命科学外,医疗服务、医疗器材、互联网医疗、健康养老、体育、教育、文化娱乐等休闲产业也将是我国极具质量的重点新兴产业[44]。国家《战略性新兴产业分类(2018)》针对九大领域进行了详细划分,其中数字创意产业和相关服务业中包含诸多休闲产业类别。因此,除了要高度重视国家战略性新兴产业中休闲门类发展外,也应重点发展消费需求旺盛的新兴休闲产业。

第三,特别关注休闲新兴业态。社会经济快速发展和生活水平持续攀升使得"享乐主义"盛行,新兴文化娱乐休闲业态不断涌现。当前,传统

商业发展出现百货购物中心化、购物中心娱乐化、品牌主题生活化等趋势，传统业态积极融入文化元素和休闲娱乐的理念，进而演化成休闲新兴业态。融入休闲元素的复合书店、演艺文化与休闲娱乐综合广场、特色影院、主题夜市等的出现广受消费者青睐。因此，休闲市场应准确把握消费文化和理念变化，创新休闲产品与服务的内容与方式，满足消费者多元化的休闲需求。

（三）有效利用房产价格工具，妥善处理住房与休闲消费关系

第一，合理引导居民住房消费，避免对休闲消费需求的过度挤压。一是引导树立居民恰当的住房消费理念。鼓励无房者通过信贷消费计划性购房，以此释放居民休闲消费。二是适时调整房地产政策，规避房价过快上涨对居民休闲消费的负面影响。可以鼓励小户型住房消费，适当限制大户型住房需求，为居民休闲消费留出更大空间。采用税收等手段区别对待居民购房需求，限制投机性购房行为，淡化房地产资本品属性，引导居民转向休闲消费。

第二，运用多元化政策机制，充分发挥住房财富效应。在货币政策方面，有效利用利率对住房价格的调节作用，防止住房价格过度上涨。在财政政策方面，通过调控政府财政支出和运用房产税手段稳定房价。在金融政策方面，不断完善住房金融市场，丰富住房权益变现工具，增强住房资产收益的可获得性。适当增加信贷规模，减小流动性约束程度，发挥住房财富变化对休闲消费的促进作用。此外，加强经济型住房、保障性住房等的建设和落实，在保证房地产市场活跃前提下，实现居民消费结构合理化，推动居民休闲消费为主的转型升级。

第三，房地产政策应因地制宜、区别对待。尽管住房价格上涨能够带来明显财富效应，但是也使得住房对休闲消费影响的"挤出效应"更加突出，从而不利于居民休闲消费质量的进一步释放。确保居民可支配收入

的稳步提升,缩小居民收入分配的差距,同时结合住房价格波动带来的财富变化,才是释放居民休闲消费质量的长效机制。

(四)采取恰当人口生育政策,高度重视人口老龄化问题

第一,采取恰当生育政策,平衡生育率提升和休闲消费扩大间的关系。少儿人口增加对居民休闲消费产生一定抑制作用,生育率提高给居民休闲消费带来不利影响。然而生育率降低倾向严重化使得社会人力资本长期匮乏,又会削弱经济增长的核心动能。尽管自"单独二孩"到"全面二孩"政策实施以来,我国少儿抚养比并未出现明显提升,由 2013 年的 22.2% 提高到 2019 年的 23.8%,但是少儿人口增加对于居民休闲消费的抑制作用仍需充分重视。一是要持续增加居民可支配收入,有效提振居民休闲消费的信心;二是要制定实施休闲发展相关政策,加强公共休闲供给,优化休闲产业结构;三是要着力发展儿童休闲市场和教育消费,积极创新儿童休闲产品及服务,引领儿童休闲消费需求。

第二,充分认识人口老龄化问题,精心开发老年休闲消费市场。我国老年抚养比由 2010 年的 11.9% 上涨到 2019 年的 17.8%,未来老年人口数量还将大幅增加,人口老龄化进程将加速推进。然而我国当前人均收入水平依然较低,面临"未富先老"的困境。不过,人口老龄化将导致国内市场需求转型,老年人口数量增加意味着养老设施、养老服务需求的增加,大力发展老龄产业,提高老年人的消费能力,通过"银发经济"形成新的消费增长点,是我国社会经济发展面临的重要机遇。因此,首先确保老年人口衣食住行等基本需求的满足;客观看待老年医疗保健消费需求,提供充足的基本医疗保障,适当减少刚性医疗消费,大力促进老年健康消费;积极发展老年休闲产业,培育新兴消费市场,比如老年照料与护理、老年教育、银发旅游休闲等。

第三,扩大社会保险覆盖面,持续提高社会保障水平。生育、养老、医

疗等社会保险的全面覆盖,有利于切实解决居民休闲消费需求满足的后顾之忧。同时,社会保障支出扩大,一方面会增加政府支出和促进政府消费,另一方面又可以降低居民预防性储蓄,从而促进居民休闲消费。因此,结合我国人口结构实际情况,配合人口政策的调整和完善,通过社会保障体系建设发挥社会保障的稳定器功能,很大程度上能够提升居民休闲消费意愿,有助于增强居民休闲消费信心,以及改善居民休闲消费预期。

参考文献

［1］任保平,豆渊博."十四五"时期构建新发展格局推动经济高质量发展的路径与政策[J].人文杂志,2020,64(01)：1-8.

［2］肖立,杭佳萍.大众消费时代的居民消费特征及消费意愿影响因素分析——基于江苏千户居民家庭消费专项调查数据[J].宏观经济研究,2016,38(02)：120-126+136.

［3］刘松,楼嘉军.深度休闲：国外文献述评与研究启示[J].旅游学刊,2019,34(02)：137-146.

［4］蒋永穆,祝林林.构建新发展格局：生成逻辑与主要路径[J].兰州大学学报(社会科学版),2021,65(01)：29-38.

［5］Becker G S. A theory of the allocation of time [J]. Economic Journal, 1965, 75(09)：493-517.

［6］Dane G, Arentze T A, Timmermans H J P, et al. Simultaneous modeling of individuals' duration and expenditure decisions in out-of-home leisure activities [J]. Transportation Research Part A-Policy and Practice, 2014, 10(03)：93-103.

［7］Patterson K D. A non-parametric analysis of personal sector decisions on consumption, liquid assets and leisure [J]. Economic Journal, 1991, 101(04)：

1103 - 1116.

[8] Choi K J, Shim G, Shin Y H. Optimal portfolio, consumption - leisure and retirement choice problem with CES utility [J]. Mathematical Finance, 2008, 18 (3): 445 - 472.

[9] Pritchard A, Kharouf H. Leisure consumption in cricket: devising a model to contrast forms and time preferences [J]. Leisure Studies, 2016, 35 (04): 438 - 453.

[10] Celsi R L, Rose R L, Leigh T W. An exploration of high - risk leisure consumption through skydiving [J]. Journal of Consumer Research, 1993, 20 (01): 1 - 23.

[11] Park Min - gyu, Park Soon - hee. A study on the leisure consumption of Korean female university students [J]. Journal of Leisure Studies, 2008, 6 (02): 83 - 107.

[12] Han Beom - Soo. A study on the polarization of leisure consumption in Korea [J]. Journal of Tourism Sciences, 2011, 35(09): 53 - 72.

[13] Park Eun - aha, Ju Kyung - mee. A study of the club leisure consumption experiences [J]. The Korean Journal of Consumer and Advertising Psychology, 2006, 7(01): 23 - 45.

[14] Kuang C. Does quality matter in local consumption amenities? An Empirical investigation with Yelp [J]. Journal of Urban Economics, 2017, 100 (02): 1 - 18.

[15] Pawlowski T, Breuer C. Expenditure elasticities of the demand for leisure services [J]. Applied Economics, 2012, 44(26): 3461 - 3477.

[16] Ko Jongbo, Han Beom - Soo. A study on the effects of materialism and face on outdoor leisure consumption [J]. Journal of Tourism Sciences, 2013, 37(05): 197 - 218.

［17］Choi Young－rae，Lee Jae－hee. The effects of consciousness of social position and dignity of participants in leisure sports on conspicuous leisure consumption ［J］. The Korean Journal of Physical Education，2011，50(04)：1－11.

［18］Kim D，Jang S. Symbolic consumption in upscale cafes：Examining Korean Gen Y consumers' materialism，conformity，conspicuous tendencies，and functional qualities ［J］. Journal of Hospitality & Tourism Research，2017，41（02）：154－179.

［19］Gomez M A. Consumption and leisure externalities，economic growth and equilibrium efficiency ［J］. Scottish Journal of Political Economy，2008，55(02)：227－249.

［20］Escobar－Posada R A，Monteiro G. Optimal tax policy in the presence of productive，consumption，and leisure externalities ［J］. Economic Letters，2017，26(02)：62－65.

［21］许斗斗. 休闲、消费与人的价值存在——经济的和非经济的考察[J]. 自然辩证法研究，2001，17(05)：50－53＋74.

［22］张永红. 马克思的休闲消费理论探析[J]. 探索，2010，26(02)：154－158.

［23］耿莉萍. 论休闲消费的特征、发展趋势与企业商机[J]. 商业经济与管理，2004，24（03）：8－10.

［24］郭鲁芳. 休闲消费的经济分析[J]. 数量经济技术经济研究，2004，21（04）：12－21.

［25］卿前龙，吴必虎. 闲暇时间约束下的休闲消费及其增长——兼论休闲消费对经济增长的重要性[J]. 杭州师范大学学报(社会科学版)，2009，31(05)：89－94＋99.

［26］楼嘉军，马红涛，刘润. 中国城市居民休闲消费能力测度[J]. 城市问题，2015，34（03）：86－93＋104.

［27］郭鲁芳. 中国休闲消费结构：实证分析与优化对策[J]. 浙江大学学报(人文社会科学版)，2006，52(05)：122－130.

[28] 刘菲,白贺玲.城市中心商业区休闲消费实证分析——以北京为例[J].北京工商
     大学学报(社会科学版),2009,29(01):75-80.

[29] 宋瑞.休闲消费和休闲服务调查:国际经验与相关建议[J].旅游学刊,2005,20
     (04):62-66.

[30] 尹世杰.闲暇消费论[M].北京:中国财政经济出版社,2007.

[31] 臧旭恒,陈浩,宋明月.习惯形成对我国城镇居民消费的动态影响机制研究[J].
     南方经济,2020,38(01):60-75.

[32] 郭鲁芳.时间约束与休闲消费[J].数量经济技术经济研究,2006,23(02):117-
     125+160.

[33] 王琪延,韦佳佳.收入、休闲时间对休闲消费的影响研究[J].旅游学刊,2018,33
     (10):107-116.

[34] 金晓彤,戴美华,王天新.台湾地区老龄人口休闲消费的影响因素与趋势展望
     [J].亚太经济,2012,29(01):138-142.

[35] 刘婷婷,宋冰洁.新型城镇化视角下农民工家庭休闲消费研究——基于收入效应
     和文化效应的分析[J].农村经济,2020,38(12):77-86.

[36] 周文丽.基于投入产出模型的旅游消费对经济增长的动态影响研究[J].地域研
     究与开发,2011,30(03):79-83,88.

[37] 赵迪,张宗庆.文化消费推动我国消费增长及其结构改善吗?——基于省际面板
     数据的实证研究[J].财经论丛,2016,32(02):3-10.

[38] 秦晓娟,孔祥利.中国农村居民消费潜能测度及省域差异研究[J].经济经纬,
     2017,34(3):37-42.

[39] 张礼卿.对"双循环"新发展格局的几点认识[J].南开学报(哲学社会科学版),
     2021,67(01):17-20.

[40] 李涛,陈斌开.家庭固定资产、财富效应与居民消费:来自中国城镇家庭的经验
     证据[J].经济研究,2014,60(03):62-75.

[41] 陆铭.空间的力量——地理、政治与城市发展[M].上海:格致出版社/上海人民

出版社,2013：68.

[42]石建勋,杨婧.新发展格局下需求侧管理的历史逻辑、理论内涵及实施路径[J].
新疆师范大学学报(哲学社会科学版),2021,42(11)：29-39.

[43]李丽梅.中国休闲产业发展评价、结构与效率研究[D].上海：华东师范大
学,2018.

[44]信中利.未来10年,中国很赚钱的17个新兴产业[EB/OL]. https://tech. ifeng.
com/c/7fky41Pk6Yp.

第七章 上海旅游节市场感知度调查研究

第一节 研究目的和样本构成

一、研究目的和意义

自 20 世纪 90 年代开始,旅游产业成为许多国家的快速发展产业之一,旅游节庆活动作为一种重要的旅游活动形式,可以为节庆举办地带来直接或潜在的经济效益和社会效益,可以提升城市知名度、增强城市竞争力、打造城市品牌。

上海旅游节自 1990 年创办以来,经过十几年不间断的发展,现已成为国内省市一级层面上举办时间最长的综合性旅游节庆活动。由于依托上海这一国际性的大都市,因此,上海旅游节的举办形式、操作方式和发展趋势,在国内节庆市场中都具有一定的示范性。

目前,有关节庆活动的研究主要集中在竞争力、吸引力、游客对目的地忠诚度、游客的满意度和感知的服务质量、目的地形象等方面[①]。其中,

[作者简介] 高雅(1997—),女,安徽滁州人,上海师范大学旅游学院 2020 级硕士研究生;宋长海(1981—),男,河南林州人,博士,上海电子信息职业技术学院研究员;赵玲玲(1996—),女,江苏连云港人,上海师范大学旅游学院 2020 级硕士研究生。
① 李慧,靳梦菲. 基于扎根理论的节事潜在游客感知维度研究[J]. 经营与管理,2018(12):130-134.

游客感知是指游客对旅游目的地中的景点、环境、产品和服务的综合感知。已有学者从不同角度对游客感知进行研究,张涛(2008)等认为,感知价值分为自我导向和他人导向,其将消费者感知价值维度分为,便利价值、服务价值、感知价值、美感价值、玩乐价值、社会价值6个维度①。宋笑鹏(2014)从游客感知出发,研究了南宁市乡村旅游的发展问题,通过问卷调查和分析,得出影响游客感知的指标,从而提出相应的对策②。张宏梅(2014)等通过探索性和验证性因子分析,将游客的感知价值分为6个维度:环境价值、特色价值、服务价值、管理价值、知识教育价值、成本价值③。姚若颖(2016)以广州花卉旅游为例,运用因子分析法进行研究影响游客感知的因子,并降维得出影响因子,提出打造品牌、提升含量等开发建议④。

游客对于节事活动的感知,可以具体反映节事活动的市场现状,并影响节事的举办效果。因此,深入了解游客感知对城市节事活动的发展是非常有必要的。但是,对上海旅游节从市场认知的角度出发进行调查和分析的研究较少。而无论从文旅融合上升为国家战略角度来说,还是从提升城市文化软实力的角度,对上海旅游节市场感知度的研究都是必要的。从理论上讲,对上海旅游节市场感知度进行研究,有利于从客源市场角度认识和把握上海旅游节的形象、服务、产品等基本特征,推动上海都市旅游节庆活动理论研究的深入。从实践上看,在后疫情时代,了解游客对旅游节的市场感知度可以为上海旅游节庆的未来发展指引方向。

---

① 张涛,贾生华. 节事消费者感知价值的维度和测量研究[J]. 旅游学刊,2008(05):74-78.
② 宋笑鹏. 基于游客感知角度下南宁市乡村旅游发展问题研究[D]. 南宁:广西大学,2014:77.
③ 张宏梅,陆林,蔡利平,等. 旅游目的地形象结构与游客行为意图——基于潜在消费者的本土化验证研究[J]. 旅游科学,2011(01):35-45.
④ 姚若颖. 基于游客感知视角的广州花卉旅游开发研究[D]. 广州:广州大学,2016:85.

本次研究以上海旅游节游客的市场感知度为主题,将游客的市场感知度划分为五个维度,包括形象感知、体验感知、安全感知、满意度感知以及行为感知。

二、研究方法及数据来源

(一)研究方法

本文首先对相关文献资料进行分析整合,确认研究主题、划分维度和参考量表,同时根据上海市旅游节具体情况设计出问卷初稿。在选择测量指标时,以游客感知为基础,以客观性、全面性为原则,结合对旅游节市场相关文献的理解,并参考和借鉴了一些学者的研究成果,主要有宋振春(2008)[①]、王强武(2011)[②]、杨子(2019)[③]、吴媛媛(2019)[④]和李静(2020)[⑤]等基于游客感知的研究指标,从而选取了一些指标。针对前期指标选取过多以及部分重复建立的问题,在与专家和同学的探讨过程中,对指标进行筛选,最终确立了测量指标。指标共分为三层,第一层为上海旅游节市场感知,第二层有五个因子,包括形象感知、体验感知、安全感知、满意度感知及行为感知,第三层包括 27 个具体的测量指标。本研究调查问卷针对上海旅游节游客市场感知的五个维度共 27 个具体影响因素,采用"李克特量表"形式设计,并且基于问卷调查结果,进行描述性统计分析,根据不同市场感知维度以及具体影响因素的平均值、最小值及最大值等得出具体分析结果。

① 宋振春,陈方英. 两种类型旅游节事居民感知的比较研究——对泰安泰山国际登山节和东岳庙会的问卷调查[J]. 旅游学刊,2008(12):63-69.
② 王强武. 基于游客感知价值的田横岛祭海节开发研究[D]. 青岛:中国海洋大学,2011:71.
③ 杨子. 基于居民感知的天水伏羲文化旅游节旅游影响研究[D]. 兰州:西北师范大学,2019:80.
④ 吴媛媛. 旅游节庆品牌认知及感知价值对重游意愿的影响研究[D]. 杭州:浙江工商大学,2019:72.
⑤ 李静. 节庆旅游吸引物的符号建构研究[D]. 广州:华南理工大学,2020:218.

（二）数据来源

本次研究主要采用问卷调查法获取数据。为了确保问卷的准确性和全面性，课题组于 2021 年 11 月下旬，在问卷星发放问卷共计 456 份，调查对象为上海本地居民，回收有效问卷 407 份，有效率为 89.25%。问卷主要由两个部分构成：第一部分是上海旅游节市场感知度调查，共分为五个感知维度：形象感知、体验感知、安全感知、满意度感知以及行为感知，包括旅游节期间环境风貌、配套设施、休闲娱乐生活、产品服务、治安状况、整体满意以及产品溢价现象等 27 个题项；第二部分是被访者的个人基本信息，包括性别、婚姻状况、年龄、收入、文化程度和职业等内容。

（三）样本构成

本次调查样本构成的基本情况见表 7-1。

表 7-1　调查样本构成一览表

特　　征	特　征　值	比例(%)
性别构成	男	38.57
	女	61.43
婚姻状况	已婚	69.53
	未婚	30.47
年龄构成	18～25	26.04
	26～35	40.79
	36～45	33.17
	46～60	0.00
收入构成	1 000 元以下	0.74

续　表

特　　征	特　征　值	比例(%)
收入构成	1 001～3 000	3.45
	3 001～5 000	3.19
	5 001～8 000	14.00
	8 001～10 000	14.00
	10 001～15 000	17.69
	15 001～20 000	21.87
	20 000 元以上	25.06
职业构成	企、事业管理职工	37.59
	企、事业管理人员	44.47
	公务员	2.21
	私营企业主、个体经营者	4.67
	学生	6.14
	自由职业者	2.95
	离、退休人员	0.00
	其他从业人员	1.97
学　　历	初中及以下	0.00
	高中,中专及职校	3.19
	本科及大专	85.26
	硕士及以上	11.55

综合来看,在本次调查中,在企事业单位从事管理和服务工作的中青年人占了较大比重,他们所受教育水平较高,个人文化素养较好,收入也

较为稳定,是参加旅游节庆活动的市场主体部分。因此,本次调查结果为研究上海旅游节提供了比较合理的基础材料。

第二节　上海旅游节市场感知度现状分析

一、旅游节形象感知分析

旅游研究中,目的地形象被认为对旅游者的目的地选择、服务质量感知、旅游满意度、回访意向和推荐意愿等都有积极影响。近年来,目的地形象的"认知-情感"结构模型被越来越多地运用于目的地形象研究。Martin和 Rodriguez 用二阶因子结构模型证明目的地形象包括认知和情感两部分,并认为同时分析认知和情感成分有利于更好地理解目的地形象。

为便于研究,本文将认知形象和情感形象作为游客对于上海旅游节形象感知的依据,其中,认知形象是指形象主体对目的地各种属性的信念和知识,包含 7 个题项,主要涉及旅游节的环境、风貌和配套设施等;情感形象是对目的地各种属性的情感反应,包含 1 个题项,主要涉及游客对旅游节的预期一致性。

（一）游客对旅游节的认知形象感知

在有关游客针对上海旅游节的认知形象中,对于旅游节期间的环境以及配套设施感知排在前两位,而对于旅游节提供的服务以及海派文化感知排在末两位。如图 7-1 所示。

（二）游客对旅游节的情感形象感知

调查表明,大部分游客认为上海旅游节所展示的形象与他们预期的形象是一致的,占比 80％。如图 7-2 所示。

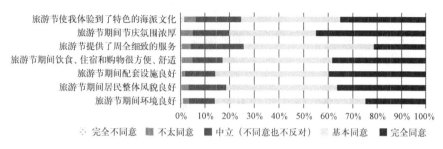

图7-1 旅游节认知形象感知

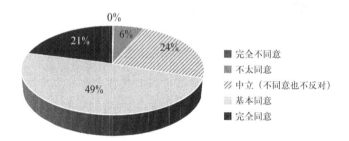

图7-2 旅游节情感形象感知

二、旅游节体验感知分析

在体验经济时代,游客对旅游商品和服务体验的追求给旅游目的地的发展带来了新的理念和变化,体验旅游将成为未来旅游的主流,旅游节体验感知是游客在旅游节过程中形成的关于旅游环境、旅游气氛、产品价值、服务质量等要素的整体感知,因此有必要深入了解游客对于旅游节的体验感知。

本文将游客对上海旅游节的体验感知划分为三个维度:社会体验、情感体验及功能体验。其中,社会体验感知主要是指游客在旅游节中获得热情接待与尊重,也包括其在与亲友的购物交流中获得的满足感和成就感等;情感体验感知是指游客在主观上感受到、知觉到或意识到的情绪状态,情绪可能是积极的,也有可能是消极的;功能体验感知主要是指游客对旅游节功能性服务所产生的体会和感受,强调的是服务的实用性及质量,关注点是游客的相关需求能否得到有效满足。

（一）游客对上海旅游节的社会体验感知

调查发现,绝大部分受访者认为上海旅游节期间文化活动和休闲娱乐生活是十分丰富的,并且大部分受访者同意自己在旅游节期间体验了很好的旅游产品和服务,然而,仅一半的受访者认为旅游节期间的各类产品物有所值。如图7-3所示。

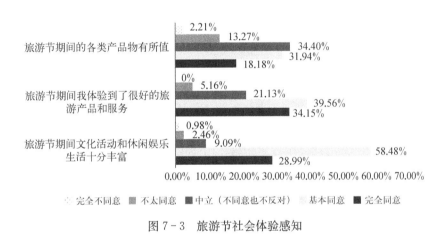

图7-3　旅游节社会体验感知

（二）游客对上海旅游节的情感体验感知

从调查情况看,绝大部分受访者认为旅游节让他们忘却平时的烦恼和压力,感到心情放松愉快,并且旅游节期间的活动让他们感到很快乐,由此可见,上海旅游节总体上让游客们的情感体验感知良好。如图7-4所示。

（三）游客对上海旅游节的功能体验感知

如图7-5所示,大部分受访者认为上海旅游节使他们开阔视野并且丰富了人生阅历,并且他们认为旅游节带来更多积极效应。然而,认为旅游节期间学习到新知识和技能的受访者相较于其他两项功能体验,比例较低,尚未超过一半。

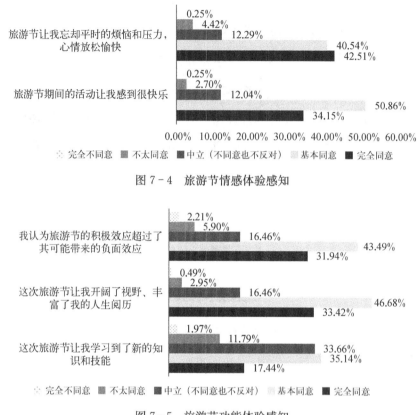

图 7-4　旅游节情感体验感知

图 7-5　旅游节功能体验感知

三、旅游节安全感知分析

在游客对于上海旅游节安全感知中,主要选取的是消极感知变量,希望用于反映游客对于旅游节期间所发生的交通拥堵、冲突增多及治安状况恶化等消极影响因素的感知状况。

如图 7-6 所示,仅有少部分受访者同意在旅游节期间经商者与居民以及游客的冲突增多、盗窃和抢劫等犯罪活动增多、治安状况恶化。然而,不少受访者认为旅游节期间交通拥堵,由此可见,在安全感知方面,交通拥堵是亟待解决的问题。

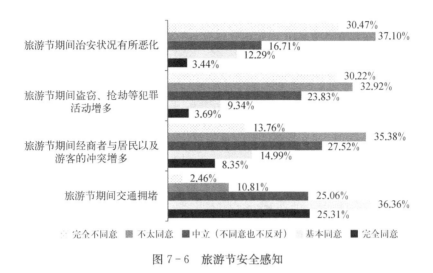

旅游节期间治安状况有所恶化　30.47%　37.10%　16.71%　12.29%　3.44%

旅游节期间盗窃、抢劫等犯罪活动增多　30.22%　32.92%　23.83%　9.34%　3.69%

旅游节期间经商者与居民以及游客的冲突增多　13.76%　35.38%　27.52%　14.99%　8.35%

旅游节期间交通拥堵　2.46%　10.81%　25.06%　36.36%　25.31%

完全不同意　不太同意　中立（不同意也不反对）　基本同意　完全同意

图 7-6　旅游节安全感知

四、旅游节满意度感知分析

游客满意度是游客对目的地的期望和游客到达目的地后的实际感知相比较的结果，可以直接衡量和反映上海旅游节的举办效果。在游客对于上海旅游节满意度感知层面，本文主要从两个角度分析，一是游客从不同的角度判断上海旅游节是否值得参加，二是游客对于上海旅游节的整体满意程度。

（一）比较分析

绝大部分受访者认为在所花费的时间上，旅游节是值得参加的，占比 86%。在旅游花销及景点和活动方面，大部分受访者也同意旅游节值得参加，但是相对于花费时间，比例略低，可以加以改进。如图 7-7 所示。

（二）满意度

如图 7-8 所示，绝大部分受访者对于上海旅游节感到满意，同意的受访者占比 87%，仅 2% 受访者不同意对旅游节感到满意。

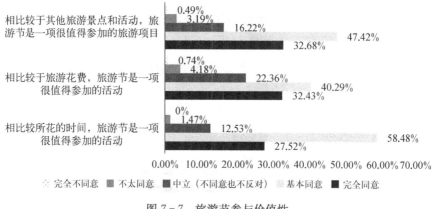

图 7-7　旅游节参与价值性

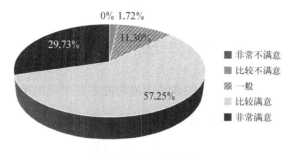

图 7-8　游客满意度

五、旅游节行为感知分析

在游客对于上海旅游节行为感知层面,本文主要从三个角度分析,包括重游意愿、推荐意愿和产品溢价。

调查数据表明,有85.01%的游客表示同意今后还会参加旅游节,而明确表示不会参加下次旅游节的游客只占所调查样本的3.68%,另有11.3%的游客对此问题保持中立态度。由此可见,目前大众对上海旅游节的重游意愿和推荐意愿比较高,究其原因在于本次调研所有受访者均为上海居民,他们整体对上海旅游节认可度较高,并且上海旅游节作为上海都市旅游的经典项目,一直以来受到大众的关注,此外,在疫情常态化情境之下,跨国跨省旅游存在阻碍,大部分人越来越关注本地休闲活动并追求休闲质量。

如图7-9所示,79.85％的游客会向身边朋友推荐旅游节,总体来说上海旅游节对于游客而言是值得推荐的。然而,大部分受访者表示旅游节期间各类产品相对于平日有所提高,占比71.01％,这种溢价现象可能在一定程度上会影响游客的重游意愿和推荐意向。

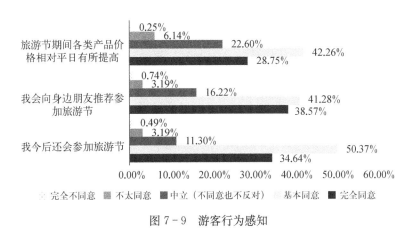

图7-9　游客行为感知

第三节　上海旅游节市场感知度比较分析

一、不同性别群体对旅游节市场感知度比较

（一）不同性别群体的形象感知比较

总体来讲,在不同的性别之间,游客对于上海旅游节的形象感知程度基本相同。尤其是认知形象感知层面,平均分差异均在0.1之间;值得关

注的是情感形象感知层面,相较于认知形象感知,男女差异更为明显一些。无论是男性还是女性,在认知形象感知中,旅游节期间配套设施满意度最高,而对于旅游节期间的服务满意度最低。如图 7-10 所示。

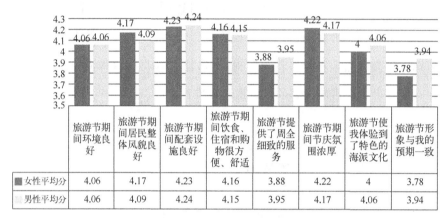

	旅游节期间环境良好	旅游节期间居民整体风貌良好	旅游节期间配套设施良好	旅游节期间饮食、住宿和购物很方便、舒适	旅游节提供了周全细致的服务	旅游节期间节庆氛围浓厚	旅游节使我体验到了特色的海派文化	旅游节形象与我的预期一致
女性平均分	4.06	4.17	4.23	4.16	3.88	4.22	4	3.78
男性平均分	4.06	4.09	4.24	4.15	3.95	4.17	4.06	3.94

■女性平均分　▨男性平均分

图 7-10　不同性别群体对旅游节的形象感知

(二)不同性别群体的体验感知比较

从调查数据分析看,无论是男性还是女性,对于上海旅游节的体验感知程度几乎一致,没有显著差异,在体验感知不同维度之间,除了社会体验感知中的物品价值、功能体验中的知识技能学习平均分较低,其他方面的感知平均分非常接近。如图 7-11 所示。

(三)不同性别群体的安全感知比较

数据显示,在安全感知层面,男性和女性没有显著差异。其中,相较于其他安全感知维度,旅游节期间无论是男性还是女性,对于交通拥堵的感知程度较高。如图 7-12 所示。

(四)不同性别群体的满意度感知比较

如图 7-13 所示,在满意度感知层面,整体看来男性和女性对不同维度的感知程度的排序是相同的,值得注意的是,女性群体对于每个维度的

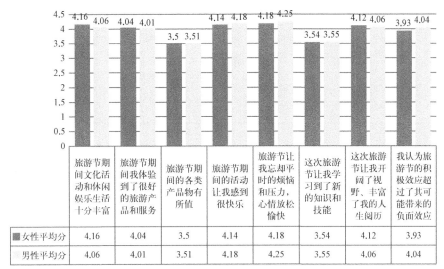

	旅游节期间文化活动和休闲娱乐生活十分丰富	旅游节期间我体验到了很好的旅游产品和服务	旅游节期间的各类产品物有所值	旅游节期间的活动让我感到很快乐	旅游节让我忘却平时的烦恼和压力，心情放松愉快	这次旅游节让我学习到了新的知识和技能	这次旅游节让我开阔了视野、丰富了我的人生阅历	我认为旅游节的积极效应超过了其可能带来的负面效应
女性平均分	4.16	4.04	3.5	4.14	4.18	3.54	4.12	3.93
男性平均分	4.06	4.01	3.51	4.18	4.25	3.55	4.06	4.04

■ 女性平均分　　▨ 男性平均分

图 7 - 11　不同性别群体对旅游节的体验感知

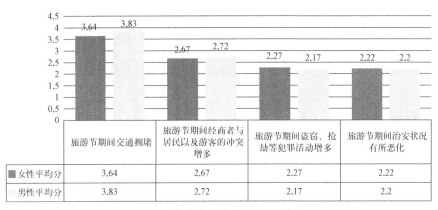

	旅游节期间交通拥堵	旅游节期间经商者与居民以及游客的冲突增多	旅游节期间盗窃、抢劫等犯罪活动增多	旅游节期间治安状况有所恶化
女性平均分	3.64	2.67	2.27	2.22
男性平均分	3.83	2.72	2.17	2.2

■ 女性平均分　　▨ 男性平均分

图 7 - 12　不同性别群体对旅游节的安全感知

感知平均分均低于男性群体。

（五）不同性别群体的行为感知比较

调查数据也显示，在受访者的行为感知层面，男性和女性并没有显著差异。如图 7 - 14 所示。

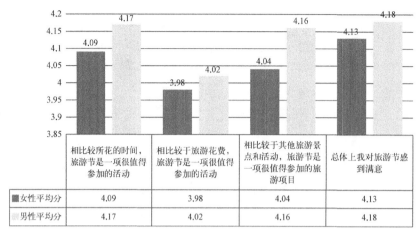

图 7-13 不同性别群体对旅游节的满意度感知

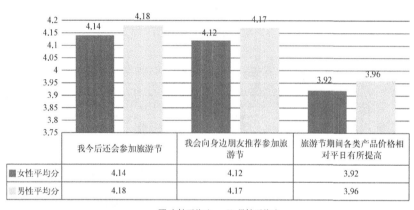

图 7-14 不同性别群体对旅游节的行为感知

二、不同婚姻状况群体对旅游节市场感知度比较

(一)不同婚姻状况群体的形象感知比较

如图 7-15 所示,不同婚姻状况群体对旅游节的形象感知整体趋势一致,相比较形象感知层面的其他维度,已婚群体和未婚群体在对旅游节期间体验特色海派文化感知上差异最大。

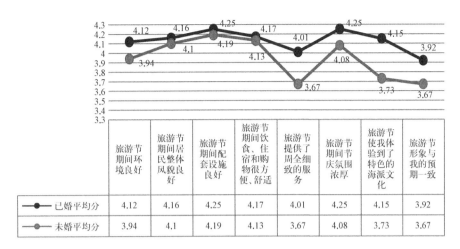

	旅游节期间环境良好	旅游节期间居民整体风貌良好	旅游节期间配套设施良好	旅游节期间饮食、住宿和购物很方便、舒适	旅游节提供了周全细致的服务	旅游节期间节庆氛围浓厚	旅游节使我体验到了特色的海派文化	旅游节形象与我的预期一致
━●━ 已婚平均分	4.12	4.16	4.25	4.17	4.01	4.25	4.15	3.92
━●━ 未婚平均分	3.94	4.1	4.19	4.13	3.67	4.08	3.73	3.67

图 7-15　不同婚姻状况群体对旅游节的形象感知

（二）不同婚姻状况群体的体验感知比较

调查显示,在体验感知层面,未婚群体的体验感知程度总体低于已婚群体。其中,在产品物有所值、学习到新知识技能方面,未婚群体和已婚群体的感知差异相比较而言更大。如图 7-16 所示。

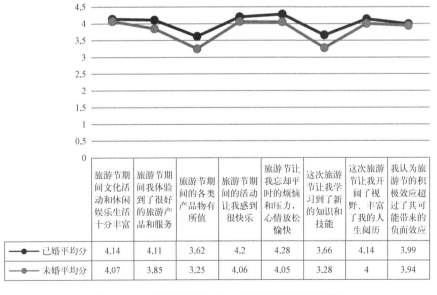

	旅游节期间文化活动和休闲娱乐生活十分丰富	旅游节期间我体验到了很好的旅游产品和服务	旅游节期间的各类产品物有所值	旅游节期间的活动让我感到很快乐	旅游节让我忘却平时的烦恼和压力,心情放松愉快	这次旅游节让我学习到了新的知识和技能	这次旅游节让我开阔了视野、丰富了我的人生阅历	我认为旅游节的积极效应超过了其可能带来的负面效应
━●━ 已婚平均分	4.14	4.11	3.62	4.2	4.28	3.66	4.14	3.99
━●━ 未婚平均分	4.07	3.85	3.25	4.06	4.05	3.28	4	3.94

图 7-16　不同婚姻状况群体对旅游节的体验感知

（三）不同婚姻状况群体的安全感知比较

如图7-17所示,在安全感知层面,未婚群体的安全感知平均分低于已婚群体,这表明未婚群体相较于已婚群体,对于旅游节期间的安全状况满意程度低。

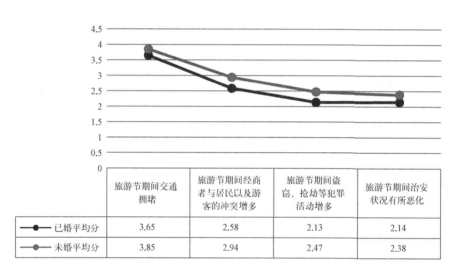

	旅游节期间交通拥堵	旅游节期间经商者与居民以及游客的冲突增多	旅游节期间盗窃、抢劫等犯罪活动增多	旅游节期间治安状况有所恶化
已婚平均分	3.65	2.58	2.13	2.14
未婚平均分	3.85	2.94	2.47	2.38

图7-17　不同婚姻状况群体对旅游节的安全感知

（四）不同婚姻状况群体的满意度感知比较

调查显示,在满意度感知层面,未婚群体总体满意度低于已婚群体,并且已婚群体在满意度感知的各个维度满意程度一致性高。如图7-18所示。

（五）不同婚姻状况群体的行为感知比较

调查显示,在行为感知层面,已婚群体对于旅游节的重游意愿和推荐意愿更高,在产品溢价方面,未婚群体感知程度高于已婚群体。如图7-19所示。

三、不同年龄群体对旅游节市场感知度比较

（一）不同年龄群体对旅游节的形象感知比较

如图7-20所示,在形象感知层面,26～35岁的游客感知程度最高,

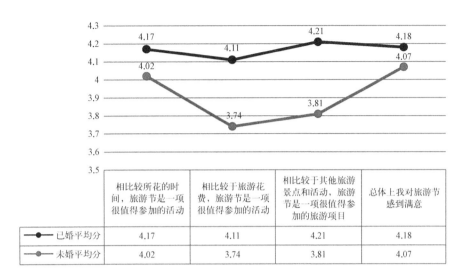

	相比较所花的时间，旅游节是一项很值得参加的活动	相比较于旅游花费，旅游节是一项很值得参加的活动	相比较于其他旅游景点和活动，旅游节是一项很值得参加的旅游项目	总体上我对旅游节感到满意
已婚平均分	4.17	4.11	4.21	4.18
未婚平均分	4.02	3.74	3.81	4.07

图 7 - 18　不同婚姻状况群体对旅游节的满意度感知

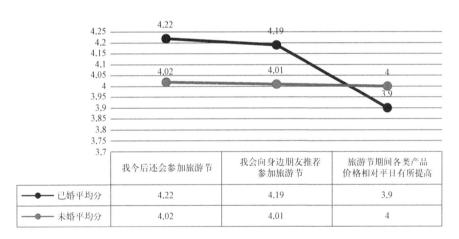

	我今后还会参加旅游节	我会向身边朋友推荐参加旅游节	旅游节期间各类产品价格相对平日有所提高
已婚平均分	4.22	4.19	3.9
未婚平均分	4.02	4.01	4

图 7 - 19　不同婚姻状况群体对旅游节的行为感知

18～25 岁的游客感知程度最低。

（二）不同年龄群体对旅游节的体验感知比较

如图 7 - 21 所示,在体验感知层面,随着年龄的增长,游客对于旅游节的体验感知程度逐渐增加。

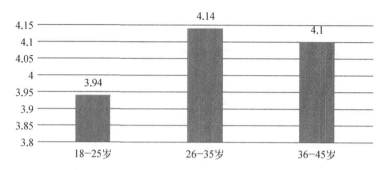

图 7-20 不同年龄群体对旅游节的形象感知

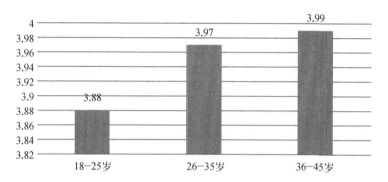

图 7-21 不同年龄群体对旅游节的体验感知

（三）不同年龄群体对旅游节的安全感知比较

由于安全感知层面选取的调查题项均为消极影响因素，因此平均分越高，则表明安全感知满意度低，调查数据显示，年龄越小，安全感知越差。如图 7-22 所示。

（四）不同年龄群体对旅游节的满意度感知比较

如图 7-23 所示，在满意度感知层面，26～35 岁的游客满意程度最高，18～25 岁的游客满意程度最低。

（五）不同年龄群体对旅游节的行为感知比较

如图 7-24 所示，随着年龄的增加，受访者的重游意愿也逐渐增加。

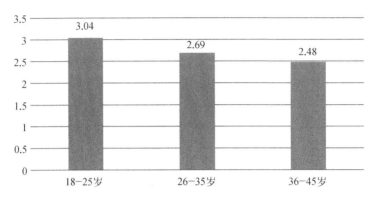

图 7-22　不同年龄群体对旅游节的安全感知

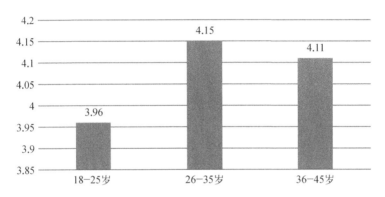

图 7-23　不同年龄群体对旅游节的满意度感知

在推荐朋友参加旅游节方面,26～35 岁和 36～45 岁的游客感知几乎一致,18～25 岁的游客感知相对较低。在产品溢价方面,26～35 岁的游客的产品溢价感知程度最高。

四、不同收入群体对旅游节市场感知度比较

(一)不同收入群体对旅游节的形象感知比较

如图 7-25 所示,随着收入逐渐增加,游客对于旅游节的形象感知度整体呈现上升趋势,其中收入在 15 001～20 000 元的游客对于旅游节的形

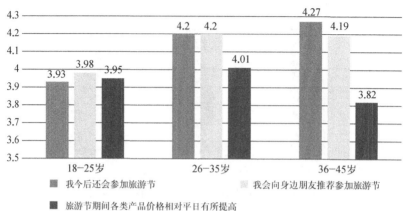

图 7-24　不同年龄群体对旅游节的行为感知

象感知度最高,收入在 1 000 元以下的游客对于旅游节的形象感知度最低。分析可知,收入在 15 001～20 000 元的游客已婚状况的比例最高,收入在 1 000 元以下的游客主要是学生。

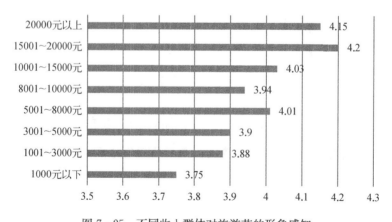

图 7-25　不同收入群体对旅游节的形象感知

（二）不同收入群体对旅游节的体验感知比较

调查数据显示,除了收入 1 000 元以下的游客,其他游客的体验感知度差距不大。如图 7-26 所示。

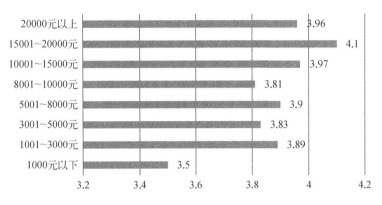

图7-26　不同收入群体对旅游节的体验感知

（三）不同收入群体对旅游节的安全感知比较

由图7-27所示，收入在1 000元以下的安全满意程度最低，收入在20 000元以上的安全满意程度最高。

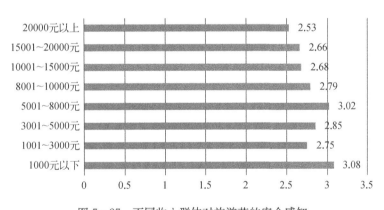

图7-27　不同收入群体对旅游节的安全感知

（四）不同收入群体对旅游节的满意度感知比较

调查数据显示，除了收入1 000元以下的游客，其他游客的满意度感知差距不大。如图7-28所示。

（五）不同收入群体对旅游节的行为感知比较

调查数据显示，收入在1 000元以下的游客对旅游节的行为感知度最

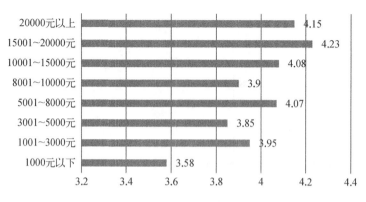

图 7-28　不同收入群体对旅游节的满意度感知

低,收入在 15 001~20 000 元之间的游客行为感知度最高。如图 7-29
所示。

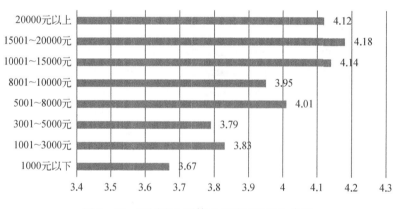

图 7-29　不同收入群体对旅游节的行为感知

五、不同职业群体对旅游节市场感知度比较

在形象感知层面,企、事业管理人员对于旅游节的形象感知度最高,
平均分达到 4.13,自由职业者的形象感知程度最低。见表 7-2。

在体验感知层面,企、事业管理人员对于旅游节的形象感知度最高,
平均分达到 4.13,自由职业者的形象感知程度最低。

表 7 - 2　不同职业群体对旅游节市场感知度

职　　业	形象感知	体验感知	安全感知	满意度感知	行为感知
企、事业管理职工	4.07	3.93	2.63	4.08	4.06
企、事业管理人员	4.13	4.03	2.72	4.15	4.13
公务员	3.96	3.78	3.17	3.86	4.04
私营企业主、个体经营者	3.94	3.87	2.84	3.88	4.12
学生	3.97	3.88	2.74	4.02	4.01
自由职业者	3.75	3.59	2.85	3.75	3.44
其他从业人员	3.92	3.89	2.97	4.47	4.13

六、旅游节参加次数对旅游节市场感知度比较

（一）不同参加次数对上海旅游节的形象感知比较

调查数据显示,参加旅游节的次数由 1 次增加到 3 次时,游客的形象感知满意程度也逐渐增加,而参加旅游节的次数达到 4 次及以上,便会呈现出形象感知满意程度下降的趋势。如图 7 - 30 所示。

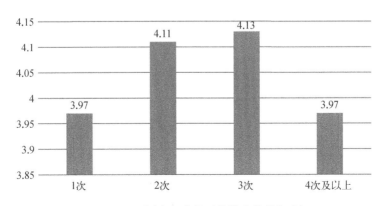

图 7 - 30　不同参加次数对旅游节的形象感知

（二）不同参加次数对上海旅游节的体验感知比较

如图7-31所示,参加旅游节的次数为2次时,游客的体验感知平均分最高,而参加旅游节的次数为1次和4次及以上时,游客的体验感知平均分最低,均为3.82。

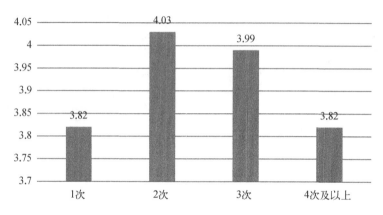

图7-31 不同参加次数对旅游节的体验感知

（三）不同参加次数对上海旅游节的安全感知比较

如图7-32所示,参加旅游节的次数为1次、2次和4次及以上的游客对于安全的感知度较为接近,而参加3次旅游节的游客对于旅游节期间安全的满意程度相对最高。

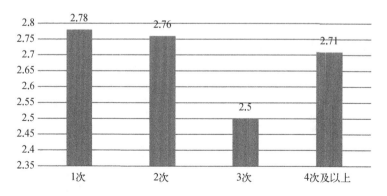

图7-32 不同参加次数对旅游节的安全感知

（四）不同参加次数对上海旅游节的满意度感知比较

调查数据显示,参加旅游节的次数由 1 次增加到 3 次时,游客的满意度也逐渐增加,而参加旅游节的次数达到 4 次及以上,便会呈现出满意度下降的趋势,总体来看这种趋势和不同参加次数情况下游客的形象感知是一致的。如图 7-33 和图 7-30 所示。

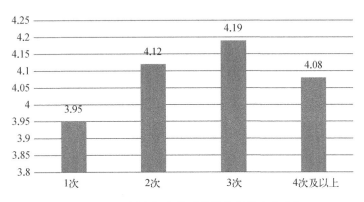

图 7-33　不同参加次数对旅游节的满意度感知

（五）不同参加次数对上海旅游节的行为感知比较

如图 7-34 所示,参加 1 次旅游节的游客对于旅游节的行为感知最低,参加 2 次、3 次、4 次及以上的游客对于旅游节的行为感知相差不大。

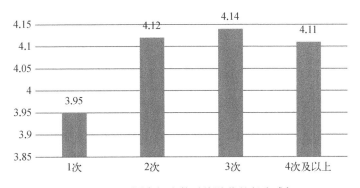

图 7-34　不同参加次数对旅游节的行为感知

七、上海旅游节市场感知特点

(一)五个维度的市场感知水平参差不齐

从统计结果分析看,在 5 个主要的市场感知维度中,游客满意度感知平均分最高,为 4.09,形象感知和行为感知平均分次之,为 4.07,体验感知平均分较低,为 3.95,安全感知平均分最低,为 2.71。虽然游客整体上对旅游节满意度较高,但是每个感知维度中,存在一些感知影响因子拉低了整体感知平均分。例如,在形象感知维度中,游客对于旅游节期间的服务以及展现的海派文化的感知度是最低的,在这也说明为更好提升上海旅游节在游客心目中的形象,需要更加关注对旅游节服务质量的提升以及海派文化的渲染;在行为感知维度中,游客对于旅游节的溢价现象评分较低,这也侧面反映了旅游节产品溢价是影响游客行为感知的主要因素,并且在某种程度上也影响他们的重游意愿以及推荐意愿。

(二)上海旅游节总体满意度感知水平较高

满意度感知主要是从游客在时间、金钱以及活动项目等方面与其他旅游活动进行比较分析得出的结果。整体上可以反映上海旅游节作为国内具有一定市场知名度的节庆活动,是受到游客满意和认可的。但是仍需注意的是,在满意度感知的影响因素中,游客对于旅游节在金钱花费的满意度与时间和活动项目的满意程度存在一些差距。因此,为了进一步提高游客对于旅游节的满意度感知,结合行为感知中的溢价现象感知,相关部门应该关注对上海旅游节期间的产品价格管控。

(三)安全和体验感知是市场感知的短板

与其他感知维度相比,安全感知和体验感知涉及的影响因子需要上海旅游节重点关注并加以改进。首先,在安全感知维度的四个影响因素中,无论是不同性别、不同收入还是不同职业的游客,对交通拥堵现象相较于其他影响因素的感知程度都是一致的,这是迫切需要改进的问题,对于提升旅游节的安全感知满意度尤为关键。其次,在体验感知维度中,大部分影响因素的平均分均在 4 分左右,而游客对于"旅游节期间的各类产品物有所值"和"这次旅游节让我学习到了新的知识和技能"的平均分仅为 3.51 和 3.54,差距明显,因此为了提升游客对于旅游节的体验感知,需要结合其他感知维度中与旅游节产品价格有关的影响因素加以改进,同时也不能忽视旅游节产品的文化内涵。

第四节　对策建议

一、形象感知层面

（一）加强工作人员培训,提升旅游节期间的管理水平和服务质量

在上海旅游节筹备期间,应对工作人员进行管理能力方面的培训和提升,对一线服务人员开展业务技能方面的培训。尤其在人流高峰期需要临时聘用人员时,也应严格把关,开展短期集训,培训合格后方可上岗。

（二）加快文旅融合发展,凸显海派文化内涵,提升文化软实力

对于上海旅游节而言,不同区域的活动可以体现上海海派文化所展现的"海纳百川"的包容性,可以巧妙利用不同区域的建筑特征,展现区域文化的代表元素和文化内涵,实现文化元素与建筑形态的有机结合,充分展现上海"建筑可阅读、街区可漫步、空间可共享"的良好城市形象。

二、体验感知层面

（一）严控活动的准入门槛，保证旅游节产品质量

在旅游节产品和服务质量的把控上，既要体现该年度旅游节主题特征，又要保证产品的独特性和质量，从旅游场景塑造、旅游纪念品开发、旅游参与项目等方面打造高质量的活动水准。

（二）创新活动形式和载体，营造阈限体验氛围

比如完善花车巡游、观众互动等具体形式以增强阈限体验，形成时尚习俗，在丰富城市公益活动的同时，提升居民幸福感；进而促使更多的城市居民在节庆狂欢活动中打破日常生活的刻板束缚、层级角色和习惯认知，进入积极主动的创生性状态，进而增强非日常活动体验，满足居民在文化心理方面对自我实现的潜在需求。

三、安全感知层面

硬件上，对旅游节期间的配套设施进行相应的改造和新建，如加快景区与主要交通节点、其他旅游景点的交通网络建设，为旅游者提供更加方便、快捷、易用的公共交通设施，增强项目的可进入性，减轻旅游者的精力成本，提高游客的安全感知价值。

软件上，提升上海旅游节组织管理的智慧化水平，通过移动终端为旅游者提供一站式服务平台，提高相关景区无纸化程度，将票务、财务、交通等信息整合输出，降低营运成本的同时提高旅游者的游玩体验，提高旅游者的节庆感知价值。

四、满意度感知层面

拓宽旅游节宣传渠道，多维度充分展示上海旅游节庆内容，提升上海

旅游节吸引力和竞争力。结合线上线下资源共同推广。线下可以邀请各类传统媒体、记者参观上海旅游节的筹备现场,让旅游者不仅能看到活动的效果还能了解活动举办的背景和文化。也可以利用旅行社资源,加大上海旅游节产品的推广,如围绕该年度上海旅游节主题设计各类旅游线路,提高知名度和到访率。线上渠道可以利用微信、微博等社交平台投放宣传信息,引起人们的关注、转发和传播;利用抖音、快手等短视频平台拍摄并播放相关活动视频,引起人们的好奇心和参与感;利用携程、同程、美团等旅游电商平台开展促销活动,通过"让利"等活动吸引大量游客。

五、行为感知层面

在疫情常态化情境下,如何提高本地居民对于旅游节的参与积极性,为他们提供休闲娱乐机会,缓解日常生活压力,是需要解决的一个长期性问题。吸引本地居民自愿参与、主动参与旅游节,需要提高游客的参与意愿以及重游意愿,首先,定位上要考虑努力适合百姓口味,在宣传力度上要注意掌握尺度,使之恰到好处。主办方应充分发掘"海纳百川,兼收并蓄"的海派文化潜能,面向世界尽情展现上海特色的舞台表演、音乐、舞蹈、灯光、建筑等艺术魅力,提高游客对上海旅游节的参加意愿、重游意愿和推荐意愿。

参考文献

［1］楼嘉军. 上海旅游:营销推广的转型升级［M］. 东方出版社,2019.

［2］李慧,靳梦菲. 基于扎根理论的节事潜在游客感知维度研究［J］. 经营与管理,
　　2018(12):130-134.

［3］李静. 节庆旅游吸引物的符号建构研究［D］. 广州:华南理工大学,2020.

［4］吴媛媛. 旅游节庆品牌认知及感知价值对重游意愿的影响研究［D］. 杭州:浙江

工商大学,2019.

［5］杨子. 基于居民感知的天水伏羲文化旅游节旅游影响研究[D]. 兰州：西北师范大学,2019.

［6］李平. 上海旅游节绩效与市场影响力研究[D]. 上海：华东师范大学,2014.

［7］王强武. 基于游客感知价值的田横岛祭海节开发研究[D]. 青岛：中国海洋大学,2011.

［8］徐爱萍,楼嘉军,王娟. 上海节庆活动公众认知度研究[J]. 长春理工大学学报(社会科学版),2011,24(06)：51-54.